U0084329

命理生活新智慧‧叢書　108

暴發運風水圖鑑

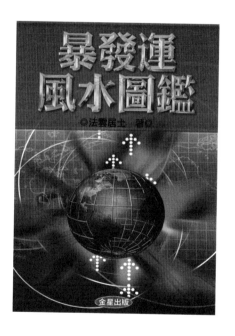

金星出版社 http://www.venusco555.com　venusco555@163.com
E-mail: venusco@pchome.com.tw
法雲居士 http://www.fayin777.com
E-mail: fatevenus@yahoo.com.tw

法雲居士⊙著　fayin777@163.com

國家圖書館出版品預行編目資料

暴發運風水圖鑑／法雲居士著，
  --臺北市：金星出版：紅螞蟻總經銷，
2011年10月 初版；面；公分——
（命理生活新智慧叢書；108）

ISBN：978-986-6441-53-0 （平裝）

1.相宅　2.改運法

294.1　　　　　　　　100012132

暴發運風水圖鑑

作　　者：法雲居士
發 行 人：袁光明
社　　長：袁靜石
編　　輯：王璟琪
總 經 理：袁玉成
出 版 者：金星出版社
地址：台北市南京路 3 段 201 號 3 樓
電話：886-2--25630620●886-2-2362-6655
FAX：886-2365-2425
郵政劃撥：18912942金星出版社帳戶
總 經 銷：紅螞蟻圖書有限公司
地　　址：台北市內湖區舊宗路二段121巷28．32號4樓
電　　話：(02)27953656 (代表號)
網　　址：http://www.venusco555.com

E-mail　　venusco@pchome.com.tw
　　　　　venusco555@163.com
法雲居士網址：http://www.fayin777.com
E-mail：fatevenus@yahoo.com.tw　　fayin777@163.com
版　　次：2011年10月初版
登 記 證：行政院新聞局版北市業字第653號
法律顧問：郭啟疆律師
定　　價：350 元

序

全世界都有『暴發運風水』。中國有、外國也很多。『暴發運風水』不但會因地靈人傑而創造出具有對人類豐功偉業的偉人。同時也能創造出具有大名氣，會改造世界，或攪動風雲際會的有名的各行各業的人士。例如法國皇帝拿破崙一世所出生的科西嘉島，就是具有典型的暴發運風水。並且在本書中還會講到西方人士希特勒的家鄉的暴發運風水，以及美國總統甘迺迪家的暴發運風水。在東方地區，本書中會談到蔣宋美齡女士老家的暴發運風水，以及武打明星李小龍出生在舊金山的暴發運風水。更談及毛澤東老家的暴發運風水，層面很廣。

『暴發運風水』有一定的格局型態。而且也必須本身命中帶有暴發運的人住了才有用。本身、本命無『暴發運』的人即使住在暴發運風水上，也是徒勞無功的。沒有『暴發運』的人，行的是『正財』。一定

要一步一步往上爬，辛勤努力才會有成果。

本命中有暴發運的人，多半內心急燥，心中又有很多好點子，思想聰明、剔透。再加上逢到暴發運風水的加持幫助，自己會大鵬展翅、一飛衝天，翱翔萬里了。

再則，本命有暴發運的人，其人會有『天生本能』，會聞得出『暴發運』風水出來。或是在一定的時間點上故意降臨那個暴發風水點上，然後再透過『地氣』的沖薰，一躍而為最具有知名功業的人。

本書詳細分析了暴發運風水的形成概況，也希望提供世界上三分之一強的具有暴發運人士，能藉此好的風水、地氣帶給自己創造更大功業的機緣，如此一來，才不辜負『暴發運風水』存在於地球上的真正意義。

法雲居士　謹識

4

暴發運風水圖鑑

命理生活叢書 108

目錄

序 ——————————————— 3

第一章 『暴發運風水』的地氣會創造歷史，帶動財富流轉 ——— 9

第二章 『暴發運風水』會製造名人和偉人，也會製造億萬富翁 —— 19

　第一節 『暴發運風水』有製造名人及偉人的功業 ——— 22

　第二節 『暴發運風水』有製造億萬富翁的能力 ——— 29

目錄

5

第三章 『暴發運風水』的特殊格局型態──

第一節 『中國風水堪輿學』中的基本型態──

第二節 『暴發運風水』格局的形式──

第三節 『暴發運風水』的証例──

第四章 全世界文明中所出現之『暴發運風水』──

第一節 『暴發運風水』下之街道形式──

第二節 『暴發運風水』的其他形式──

第五章 『暴發運風水』為壞人利用也會造惡──

第一節 『暴發運風水』會吸引誰進住其中──

第二節 『暴發運風水』會吸引暴發戶──

第六章 『暴發運風水』與幼年關係──

第七章 『暴發運風水』的流年運──

第八章 『暴發運風水』也有壞運過程──

161　153　146　118　113　101　83　76　71　54　42　35　33

目錄

第九章　正財主命與『暴發運風水』不搭調――――173

第十章　『暴發運風水』會使偏財者更發達――――193

第十一章　『暴發運風水』要小心禁忌發生不吉――――205

第十二章　增加『暴發運風水』快發的竅門――――221

第一章

『暴發運風水』的地氣會創造歷史，帶動財富流轉

❀❀❀❀❀❀❀

『暴發運風水』的地氣就是『龍穴』的地氣。也是世界上最強之旺運地氣，自然能生出人傑地靈的人物，更能創造絕世財富。

第一章 『暴發運風水』的地氣 會創造歷史，帶動財富流轉

『暴發運風水』很簡單的說，就是『偏財運風水』。

那『暴發運風水』又是什麼呢？真能使人爆發財富嗎？

答案是肯定的！不但能為人帶來財富，而且還會發生許多奇奇怪怪的事。會讓當事人，或同住在一起家族的人，彷彿如同套住相同的命運鎖鍊一般，一起坐著雲霄飛車飛上高空天際，又一起暴起暴落，回復平靜。但會在其人人生或家族史上，或是在正統歷史上留下輝煌的一

▼第一章 『暴發運風水』的地氣會創造歷史，帶動財富流轉

11

有了暴發運風水，還必須天生帶有偏財運格。才能對其人或家族產生暴發效益。如果沒有偏財運格的人而住在偏財運風水上，最多只能在偶而運好時多賺一點小錢，富裕一點而已。但如果住到過氣的『偏財運風水』，暴落得很快時，其人也會衰得很慘！

在中外歷史上，最有名的、因偏財運風水暴發而登上歷史舞台的兩個人及其家族，就是美國的甘迺迪家族和中國的宋氏家族（宋美齡家族）了。

事實上，在世界上各個國家中名人、富貴之人的崛起，大多數都是因為偏財運風水而形成的。 例如比爾蓋茲、郭台銘之流。亦或是在日本歷史上權傾一時的德川將軍幕府，亦或是七〇年代的阮文紹、越南阮氏家族，或前不久被逼下台的泰國總理等等。當然這些是叫得出名諱出

暴發運風水是一般強勢的『地氣』

來的，又會因偏財運風水而突起有成就的人。

一般來說，有一些小市民也會遇到位住暴發運風水之中，但本命財不多，功業不大，能暴發的偏財運及人生成就也沒辦法很大了，只可能突然有一些錢財供其揮霍罷了，事後卻落入揹債的深淵，或是挺而走險，殺人越貨來了此殘生了。倘若，其人的偏財運格或所居住的偏財運風水還帶有刑剋、殘障類型的狀況。

那其人不是被殺、就是去殺人、下場會更慘！

我在《如何算出你的偏財運》一書中曾經講過：『暴發運』是一股強勢的『氣』。而暴發運風水就是一股『強勢的地氣』。暴發運的格局在開天關地時就已存在了。自然，暴發運風水這股強勢的地氣，我們的老

▼ 第一章 『暴發運風水』的地氣會創造歷史，帶動財富流轉

祖宗也很早便知道其玄秘性了。例如在《葬經》中有很多段，都是述及暴發運風水的概論。

「氣」是一種看不見的東西，但會在宇宙天體中循環運行。我們的老祖宗非常聰明的利用八卦原理、五行原理、卦象原理來替自然界中的地理環境做了標示與規劃。所以我們能知道，那些地段是屬於什麼氣？也能由我們自己生辰八字的宇宙座標而知道，我們需要什麼樣的氣，兩相配合，就能產生對人極佳、「主富」的、「主貴」的好運氣了。

暴發運風水會改變歷史

在地球上很多地方都是具有暴發運風水的地方，例如新加坡或台灣這個寶島或珠江三角洲，或是湄公河附近等等區域。在歐美地方也是有的，例如狹長的半島地區、美大利、巴爾幹半島等等。美國總統甘迺

14

迪發跡的住處等等。以及許許多多尚未談及的地方。

台灣這個寶島是由上下兩個三角形塊面所組成的，在七〇年代發旺，在六〇年代已成為重要的東西戰略要地。而在七〇年發富，當時的外匯存底在世界上名列前茅。台灣的富裕也大大壓倒了對岸中國的經濟條件。也因為有這塊偏財運、暴發運地，台灣的商人能前仆後繼的在全世界經商，也發展了電腦科技業，成為台灣大宗輸出，又能名揚國際的產品。早期台灣的經濟奇蹟，已在世界歷史上留下了光輝燦爛的一頁。

『暴發運風水』也會和偏財運一樣有暴起暴落的現象。『暴發運風水』更有年限的限制，以天運來說，大致是以八十年為一個翻轉的對調。

每一塊『暴發運風水』寶地的旺運地氣都不太一樣，有的旺運是屬錢的，只有十年的暴發機會，格局甚小，當然暴發的財富也不太大，

15

也不多了。有的旺運有二十年、三十年、五十年、八十年不等的。最長的，大約是八十年為一個天運數字，這是最好的、最長久的『暴發運風水』格局了。但是在八十年的偏財期中，仍是會有起伏上下的，而且運氣都是起端慢慢上揚，中間為最高點，如同拋物線一般，中點過後便會漸漸下降，尾端下降到最低點。

台灣的發跡，應該從一九四九年開始算起，因中國大陸的國共戰爭，而大批人員遷台，使台灣熱鬧，開始建設而富裕起來，最旺的時候在七〇及八〇年代。至今，這塊偏財運地氣已有五十多年，而接近尾聲了，運氣有陰陽，陽氣（生氣）過了，就是陰氣（衰氣），因此很有可能台灣要再等數十年才會再發。

另一個偏財運會改變歷史的例子，就是偏財運風水會造就及出現有名或偉大的領導者或政治家，或是會影響民生，創造歷史的人物。

就像美國的甘迺迪家族，早期住在麻塞諸塞州的布魯克萊恩（Brookline），後來遷居到 Boston 的莊園，因此莊園地形為『暴發運風水』，再加上其人有『偏財運格』，因此以三十六歲年輕的年紀登上美國總統之位，帶領美國對抗古巴和俄國，是當時冷戰時期最強勢的總統了，這當然也影響到美國在世界上的霸權地位，你說是不是偏財運風水會造就改變歷史的人物呢？

過氣的『暴發運風水』也會改變歷史

過氣的『暴發運風水』是進入暴落階段的『偏財運風水』，因此會帶來刑剋，帶來混亂、戰爭、貧窮，亦會發生天災人禍之事，例如南亞的大海嘯，亦或是日本東北區的三一一地震海嘯，亦或是台灣的九二一地震，這些都會創造地表的傷痕，自然也改變住在該地區人的命運。歷

▼ 第一章　『暴發運風水』的地氣會創造歷史，帶動財富流轉

史是人活動及生活的軌跡，自然也會改變歷史了。

為什麼『暴發運格』和『暴發運風水』，帶給每個人的人生大好大壞，結果差這麼多呢？這實在不是三言兩語可以說清楚的，請讓我在後面的章節來慢慢分析給你聽，目前，且以『造化弄人』這四字來暫時結尾吧！

驚爆偏財運

投資煉金術

時間決定命運

第二章

『暴發運風水』會製造名人和偉人，也會製造億萬富翁

❀❀❀❀

『暴發運風水』格局中，會孕育精靈怪傑人物，也會孕育有暴發運格的富翁人材。

暴發運風水圖鑑

第二章　『暴發運風水』會製造名人和
偉人也會製造億萬富翁

暴發『特別運氣』的風水，主要和『主貴』有關。其強勢的『地氣』能產生大英雄或大人物出來。

暴發運風水又稱『偏財運風水』。以其功能形式，其實會分成兩種。一種是爆發『偏運』的『暴發運風水』，一種是爆發『財運』的『暴發運風水』。

第一節 『暴發運風水』有製造名人及偉人的功業

在人的暴發運中會分為爆發『偏運』（運氣）和直接爆發『財運』兩種暴發運。偏財運風水也是一樣，會在地氣上引發的結果也是有『發偏運』和『發偏財』兩種。

暴發偏運的『暴發運風水』主要和『主貴』的運氣有關。在此種『暴發運風水』上會出現大人物、名人或有名的政治人物、曠世英雄等，這些人能創造很大的功業，繼而能帶給地方或國家有大利益。例如前面所說的美國總統甘迺迪家族或宋美齡女士家族所擁有的『暴發運風水』皆是此類以暴發運氣，以主貴為主的『暴發運風水』了。

暴發運氣及主貴的『暴發運風水』，也能為其家族帶來龐大利益和

命格帶財多、及主貴、又具有暴發運的人，才能受地氣之利而真正爆發

在暴發『偏運』的『暴發運風水』上，並不是每一個人都能得到暴發運的。只有本身具有『暴發運格』、『偏財運格』，再加上八字主貴的人才有機會出人頭地的。其他的人只是在一般風潮中隨波起伏，或成

財富。這是較高等、高級的『暴發運風水』（偏財運風水）。因為在此種風水中能為人帶來權利和名聲，能為其名留千古，創造歷史上新的一頁，因此被風水家視為第一流的風水寶地。

權利能創造財富，名聲也能創造財富，兩相配合能創造長久的財富，不但能蔭及家族、國家，且能帶來對人類長遠的影響。

▼ 第二章　『暴發運風水』會製造名人和偉人也會製造億萬富翁

為簇擁或鞏固這位主貴英雄能適時暴發的幫助者而已。

我常說：暴發運（偏財運）是一股超強勢的運氣，而『暴發運風水』也是一股超強勢的地氣，只有本身是強勢命格的人才能待得住的，或是本身帶有天命要輔佐、創立功業之人，也才能待得住。其他命不強的人、無能的人，或其具有小貪念、偷雞摸狗、零碎之人也很難待得住，都會嫌那地方不好，而被迫離開。

『暴發運風水』有年限問題

『暴發運風水』寶地還有年限的問題，要正當暴發高潮時段，又具有暴發運的人進住或誕生，才能發生效用，而產生英雄或大人物來創造功業。一般時期，或暴發運風水寶地在靜止休息狀態時，你是看不出

暴發運風水圖鑑

它有何作為的，也看不出它到底有何和別地不同之處的。它就像靜止的火山一般，不想暴發，等到真正暴發時又威力無窮。帶『偏運』的暴發運風水，在古代可以出天子之地。現今我們談的『暴發運風水』大多以活人所住之陽宅風水為主。在古代以墓穴為重，就是俗稱的『龍穴』。這種帶偏運的『暴發運風水』也是屢見不鮮，『龍穴』就是『暴發運風水』，並為歷代風水師終其一生在追求的『真龍寶穴』。

例如在《都天寶照經》中有云：『寅申巳亥騎龍走，乙辛丁癸水交流；若有此山並此水，白屋科名發不休，昔日孫鍾阡此穴，從此聲名表萬秋』。

此段故事講的是後漢時期，也就是後來三國吳國之孫權的祖先，名為孫鍾的人，為浙江富春人，以種瓜為業，有一天三個少年向其要瓜，孫鍾好意的給了，於是三個人就指示他有好的葬地墳穴。告訴他，

▼ 第二章　『暴發運風水』會製造名人和偉人也會製造億萬富翁

此地應當可出天子，你下山一百步差不多停下，然後回頭看我，那塊地就可以是好的葬地了。孫鍾將信將疑，走了三十步便回頭一望，看見三人一起乘三鶴飛去。孫鍾死後便葬於此。後來的人說：因為孫鍾只走三十步而已，未葬到龍穴的正穴上，所以三國的吳國僅是三國鼎立的局面而已。

現在我們來看前面的經云

，寅申巳亥騎龍走，指的是山形走勢為寅申為東北到西南的山，巳亥為東南到西北的山脈走勢，這兩條相應會交叉。乙辛丁癸水交流，表示乙辛方即東西方向的河流交叉而過，這些山脈和河流在地表上分割了許多三角形的地形，形成暴發運風水，再加上富春江流域地沃土肥，是產稻米的魚米之鄉，人傑地靈是肯定會暴發的了。後人言其地在富陽縣天子崗，迎七星灘之水，正更確實印證了山水交錯而形成的三角形的龍穴寶地，也就是名符其實的『暴發運風水』

26

暴發運風水圖鑑

格局了。

『暴發運風水』在活人陽世風水中能助益人的發運，創造功業。

在陰地穴位中能蔭及後代子孫、而成就創造功業的人物。

暴發『偏運』運氣的『暴發運風水』，不但在中國有，在國外，在全世界亦很多，在西洋歷史上亦曾多見，只要是曾經創造過強勢領導政權的人，大多是因為曾待過『暴發運風水』上，本身命格中又具有暴發

※粗黑線代表山脈
　曲線代表河流

▼第二章　『暴發運風水』會製造名人和偉人也會製造億萬富翁

運格而從其暴發而形成的。例如拿破崙、希特勒、莫索里尼等人，這些由平民而掌政權，又發動戰爭，改變世界局勢的人，無一不是在天時變動，趁地氣之利，而得到自己一生最大最旺的運氣的。他們創造了自己的功名利祿與因緣際會，改寫了歷史，改變地球上的氣氛，有的是肅殺刑剋之氣，就會造成數十萬計、百萬人計的死亡。成為地球生物的浩劫。有些是溫和能休養生息之氣的，能創造國家和地方的富庶、富強。

但是這種暴發偏運的『暴發運風水』的地氣是非常強勢的，本身就帶有肅殺之氣，因此也容易孕育出會激盪時代，產生風雲際會的人出來了。

發偏運的『暴發運風水』能產生帝王公侯將相，這些人是政治的掌權者，也是歷史真正的創造者，所以暴發運氣的『暴發運風水』實是最強的，會撼動天地的地氣了。

第二節 『暴發運風水』有製造億萬富翁的能力

一般的小市民最喜歡知道的是這一段發偏財，常大家認為爆發偏財，就是『暴發財運』變成大富豪。其實在命格中，有一種貴命不足，而命中財多的人，會以富來取貴的，例如像美國的比爾‧蓋茲，有了自己的微軟王國之後，與世界各國聯手，又成了控制世界各國科技業的龍頭老大，各國領導者政要都是要向其巴結的，這就是以富取貴的例子。

在中國紅頂商人胡雪巖，以富做官，也是典型的以富取貴。現今台灣或外國，以企業來影響政府的決策來賺錢的人，都是走這條以富取貴的暴發運鋼索的人。

第二章　『暴發運風水』會製造名人和偉人也會製造億萬富翁

29

『以富取貴』者，也必須有『暴發運風水』的加持才行

暴發偏財的『暴發運風水』，也是需要本身命格有暴發運來住才會會有效的。本身沒有偏財運格的人，雖然仍身處於以富取貴的龐大家族機構之中，能做的事也是有限，因為其人的運不夠，如果再貪心，就會有殺身之禍。例如台灣近來的新聞中，有某金融的小開，用小蝦米吞大象的手法想連吃掉兩家金融機構的事件。可見貪心和企圖心人人有之，有沒有這種暴發運，而是否是『運』在時間點上，這些問題都很大，一不小心就會毀掉前人努力的基業。

暴發『偏財』的『暴發運風水』，大體上來說，是和爆發『運氣』的風水是大同小異、差不多的，因為此風水中貴氣不足，氣數向上衝不上去，因而衝向兩旁，成為暴發財運的『暴發運風水』了。

會暴發最強的財運方面的『暴發運風水』，其實在暴發運以後，往往其人因為事業上暴發財運而達到高潮時，也會為其人帶來名聲和地位，以及功成名就的至高人生。**例如鴻海集團的老闆郭台銘三十多歲時還很窮**，為了工廠周轉，常趕三點半跑銀行軋支票，其母也為其起會、找錢來應付，應付工廠支出，但是事業運變好時，工作和生意就像洪水般湧來，真是城牆也擋不住了。很多人會想，這樣的風水到那裡去找呢？這就是本身具有偏財運格或暴發運格的人，在暴發的時刻到了，你就會因緣際會而住到具有偏財運的風水房子和土地上了。時候不到，或暴發力不強，或暴發力有瑕疵，其實都很難遇到『暴發運風水』的住地或居屋的。

第二章　『暴發運風水』會製造名人和偉人也會製造億萬富翁

31

驚爆偏財運

法雲居士⊙著

『偏財運』就是『暴發運』！
世界上許多領袖級的人物、諾貝爾獎金得主、
以及各大企業集團的總裁、領導級的政治人
物，都具有『暴發運格』。

『暴發運格』會改變歷史，會創造歷史！
『暴發運格』也可以創造億萬富翁，是宇宙間
至高無上的旺運！
在你的生命中，到底有沒有這種契機？
你到底屬不屬於那全世界三分之一的好運人
士？

且聽法雲居士向您解說『暴發運格』、『偏財運
格』的種種事蹟與內涵，把握住自己生命中的
爆發點，創造歷史的人，可能就是你！

第三章

『暴發運風水』的特殊格局形態

❀❀❀❀❀❀❀

　　『暴發運風水』格局由巒頭與九星形成。中國風水堪輿學中，以北斗七星與左輔、右弼合成九星，再加火星、鈴星，形成『火貪格』、『鈴貪格』等的『暴發格風水』。

第三章　『暴發運風水』的特殊格局形態

的風水寶地。

　　『暴發運風水』格局中，亦有『火貪格』、『鈴貪格』、『武貪格』

第一節　『中國風水堪輿學』中的基本形態

　　在中國風水堪輿學中，以北斗七星，再加上左輔、右弼，合稱

『九星』。此九星在天成象，在地成形。並以龍身之行度變化無窮。

在中國堪輿學中所稱之『龍』或『龍身』，即是指高山、平原起伏之形狀而言。龍有高山龍、平地龍。高山龍是以高山的走勢形狀來看，平地龍是以平原中小小的起伏來看的。

用九星來辨龍之形狀

【北斗第一星艮丙貪狼木】

貪狼星為紫氣木，其形狀為身長而直，頭部圓正。

『貪狼木』的地理形狀，無論在山巒、平原地形，亦或是陽宅屋相也都屬於這種身長而直、頭部圓正的形狀。只不過有些地理狀況是在地平面上呈平面展開，有些是豎立在地表上，像貪狼木星龍的山

戀，就是直立於地表上。而平地龍則在地表上平貼展開。此種『貪狼木』的地形，則是後面我們要談到和偏財運風水有關的特殊地形。

【北斗第二星巽辛巨門土】

巨門星在地理上屬木，其地理形狀無論在山巒、平原是如櫃子的形狀，是略微長形而方正的，或是稍帶斜側一點。巨門在天為天醫方，在人間為救貧之神。巨門土龍，喜生六秀之地（艮丙巽辛兌丁為三吉六秀）

【北斗第三星乾甲祿存土】

祿存星在地理上屬土，其地理形狀無論在山巒、平原，其形狀和巨門類似，是略長形而方的，但斜側不整齊，且腳尾如耙齒，是參差不

▼　第三章　『暴發運風水』的特殊格局形態

齊的，在地理上常為人間禍患之神。

【北斗第四星離壬寅戌文曲水】

文曲星在地理上屬水。其地理形狀無論在山巒、平原如水氣降人間，此地理性質又稱為『遊魂』。文曲水星龍只有在辰巽巳三方有金白水清之象較吉，其他皆不成。

【北斗第五星震庚亥未廉貞火】

廉貞星在地理上屬火，在正五黃位居中宮。廉貞是在紫微帝座之旁執法之宿。其地理形狀在無論是山巒、平原皆為略橫寬之方形，頭部也為方形橫寬的狀況。廉貞火龍在地表上，必須相連於艮和貪狼相連而變換主龍，才會有用。其他皆無法做主龍。廉貞與貪狼聯氣高聳的地形

38

為火星的地形，有暴發運，故能出魁元之輩。

【北斗第六星兌丁巳丑武曲金】

武曲星在地理上屬金，地理形狀無論在山巒、平原形狀類似太陽，是頭圓而高聳，其氣降至人間，為福德臨金星，能創造大富貴。文武皆吉。

武曲金的地形，行九紫離，丙午丁三方，或和貪狼木的地形相連，能形成『武貪格』的風水，有偏財運，能大發，即為正宗的『暴發運風水』了。『武貪格』多發在事業上，以武將最佳，能控制四方，或由文官出身，位至王侯將相，是貴而壽長之寶地，能享大富貴。

【北斗第七星坎癸申辰破軍金】

破軍星在地理上屬金，其地理形狀無論在山巒、平原，其形狀是頭部高大，類似武曲金的形狀，頭圓而高聳，但其腳部散亂，像破傘狀飛斜出去。有此地形者，在大發後專掌蕭殺之權，其氣降至人間為絕體，凡此地形，無法正出，或有純陰秉政、后妃掌位，或不由正路而出將入相。

【北斗第八星坤乙輔弼土】

在九星中，左輔、右弼是一對，也共一卦，各管一卦，一卦三山，此為九星納甲所屬。在方位上，左輔八白艮，右弼九紫離。

左輔星在地理上屬金，九星坤乙輔弼土，丙土生星，五行之中非有土不能生金，以其有輔佐之義。

右弼星在地理上屬水，位居九宮之地，在帝座的離方（南方）

左輔、右弼二星在地理形狀上，宛如平頭略隆起的小土丘。左輔

多生過峽結穴之地。右弼有時如彎曲屈曲的蛇形，近看似有其物，遠看

則看不見。

▽

第三章 『暴發運風水』的特殊格局形態

看人過招300回

紫微面相學

紫微手相學

41

第二節 『暴發運風水』格局的形成

前一節是由九星來看山脈及平原的形狀。其實在平地上，稱為平地龍，也是如此看法的。例如有一塊地、狹長筆直，前面頭部圓正，也是屬於貪狼木的地理形狀。如果再形成格局，例如砂紅（是紅色的土質）或是灰黑色土質，形成『火貪格』、『鈴貪格』、『武貪格』的地理形式，則即為『偏財運風水』，或稱『暴發運風水』了。

縱有貪狼木的地形，亦是要看方位的，方位好的才具有暴發運。例如此塊貪狼木的地形，行三碧震，在甲卯乙三方，得木氣旺位之方位，如枯木逢春，如果是甲、乙、寅、卯、辰年生的人，最得利，容易生出有資質高敏、科場得意、有考試運而突出之人。暴發運也能助人在考試運上拔得頭籌。

貪狼木的地形如果行七赤兌，在庚酉辛三方，庚納於震，此地形能出武將而名威四方。如果在辛的方位，能有狀元宰相之貴人出現。

▽ 第三章 『暴發運風水』的特殊格局形態

43

貪狼木的地形，如果在九紫離之方位，丙午丁三方，會出有名文人，福壽綿長。

『暴發運風水』的主角，主要是貪狼木的地形所形成的風水格局，其暴發的形式才會大。這其中包括了『武貪格』、『火貪格』、『鈴貪格』的風水格局。另外火星（火相）、鈴星（鈴相）風水格局也具有暴發運和偏財運，其多半在暴發偏財及財富方面，少有暴發能影響一方姓福祉功業的英雄豪傑出來。這在命理格局上是屬於較低層次的偏財運風水了。一般大眾會因住宅風水帶偏財而稍發富或得意外之財，也多半是此類風水。但火、鈴都類似煙花一般會燦爛於一瞬間而熄滅，故暴起暴落得速度很快。

『武貪格』『暴發運風水』格局的地理形狀

『武貪格』『暴發運風水』格局的地理形狀㈠：就是貪狼木的地形和武曲金的地形兩者兼具而有之的地形形狀。也就是身體狹長而有大頭、頭圓或頭部有圓形的丘陵高起突出或高聳的。其他形略似蘑菇的形狀。其實也很像原子彈在地面爆開的暈雲狀之形狀。其威力可想而知了。

蘑菇狀的
『武貪格』風水

二次世界大戰時，日本長崎受過原子彈的攻擊，曾出現過此種暈

▼
第三章 『暴發運風水』的特殊格局形態

45

暴發運風水圖鑑

狀雲，雖大戰結束六十年了，當地人很多因輻射塵而受癌症之苦，但是未來在運程走到時，此地必大發，這是指日可待的。

『武貪格』暴發運風水格局的地理形狀(二)：是由貪狼木狹長地表，地表一頭呈半圓形，上種有綠色高大的樹木，但地質為灰白色土質，此地形彷彿子彈型的地形，這也是偏財運風水。

子彈型的
『武貪格』風水

46

『火貪格』『暴發運風水』格局的地理形狀

『火貪格』『暴發運風水』格局的地理形狀：

(一) 就是有貪狼木的地形，再加之火星、火形地形而形成的風水格局。也就是本身身體很狹長，但兩頭尖。

(二) 或該地表上有很多尖形物突出的地形。

(三) 或是貪狼木的地形上，兩頭尖，其上有高大直立之樹木，再加上地質土色為紅色的地理格局。

例如：在兩頭尖的一塊土地上，四周種有松柏、杉木之類的樹木，其地面土質又帶有紅色的風水格局。

第三章　『暴發運風水』的特殊格局形態

『鈴貪格』『暴發運風水』格局的地理形狀

『鈴貪格』『暴發運風水』格局的地理形狀：

（一）就是有貪狼木的地形，再加之鈴星火形地形而成形成的風水格局。也就是本身狹長身體的土地，兩頭呈梯狀突尖出去。

（二）該地表上有很多參差不齊、怪形怪狀突出物的地形。

『火貪格』
風水格局

土質紅色，上種
松、柏、杉木

『鈴貪格』
風水格局

（三）亦或是貪狼木的地形，兩頭奇怪的突出，而土質呈暗紅色，含有具有腐敗動植物的土壤的地形。

『暴發運風水』在某些方面能為人帶來大功業或大富貴，但也是刑剋極強的風水形式。只有命強命硬的人，才能經得起『暴發運風水』的暴起暴落，大起大落。命不強的人，身體衰弱的人，若住在『暴發運風水』上，也容易被煞到，易早亡或傷殘，這樣暴發運也發不了了，其他，如果其本人的暴發運是帶有傷剋的暴發運的人，又位於『暴發運風水』上的話，也會發，發得快，得禍也快。不過傷剋也會加倍迅速的。

例如有些人有『廉貞化忌、火星、貪狼』同宮的偏財格，其格局中會帶

▼ 第三章　『暴發運風水』的特殊格局形態

49

有是非爭鬥及血光之災，如果本身又住於『暴發運風水』之上的話，也易於暴發因是非爭鬥或血光而得的意外之財或意外之利。

火星形式的『暴發運風水』

火星形式的『暴發運風水』最好認，也極容易形成。就是三角形地形的『暴發運風水』。此種三角形風水大多由河流、鐵道、道路、公路，或巷道形成的。這些河流、道路、鐵道在地表上切割劃分了原始的地形，一般我們看風水地形，是由天空或太空鳥瞰俯視大地的，因此山脈不算是能切割阻礙風水地圖上的因素。只有河流、鐵路、公路能形成切割地表成塊的工具。

火星形式的暴發運風水格局樣式，最好是正三角形的樣式，不能為銳角三角形，或不等邊、歪斜的三角形，容易有傷剋不吉的狀況。如

果為邊參差不齊或不等邊，歪斜的三角形之暴發運風水樣式，必走邪魔歪道而發，而且暴落和必亡的速度也快。

鈴星形式的『暴發運風水』

鈴星形式的『暴發運風水』會最古怪，也最易爆發，但也會造成最多的問題。基本上鈴星形式的『暴發運風水』形局也是三角形的形式，會為河流及道路、鐵道等切割而成。但三角形一邊或數邊會有曲折或突出的不整齊的狀況。此外，此種形式的『暴發運風水』尚會出現地上物有尖銳豎立的物品或有發出磁波的如電塔或有雷達設施的儀器的建物。例如陽明山上有一塊地上建有許多座大型雷達之地，即是此種鈴星形式的風水格局。此種地段不適合住人，但亦會有怪人闖入去住，也就

第三章　『暴發運風水』的特殊格局形態

莫名其妙的暴發了，但亦可能會發瘋，結果都不美滿。

特別磁場地帶的『暴發運風水』易大起大落

常常也會有發電廠或發電站會選中某地來生產電力，這些發電廠或發電站也常形成鈴星形式的暴發運風水。只是能暴發的人，只有本身具有暴發運的人才能發，其他無暴發運的人只身受電磁波影響而痛苦，或身處具有生癌症的危險恐懼之中而已。

又如台北市新北投之北投溫泉博物館、地熱谷、春天酒店一帶就是由新民路、溫泉路、幽雅路、光明路、泉源路等圍成的『鈴星形式的暴發運風水格局』。因此此地大發，酒店與休閒SPA中心櫛比而立。

此處是溫泉鄉、火山區也是暴發偏財運的重要地理形式之一。

※在火星形式和鈴星形式的『暴發運風水』中，如果再位於火山區是暴發力最強、最快的『暴發運風水』地形了。

新北投暴發運風水地區

第三節 『暴發運風水』的証例

在暴發運風水中，『武貪格』和『火貪格』、『鈴貪格』這種大氣魄的『暴發運風水』是較難找的，也較難出現的。往往試放核爆的地方會出現如此類型的地形，但這些地方不是深處沙漠地帶，或深海之中，並不具有貪狼木帶有綠色性質的地理風水，因此要等到物轉星移，實在不知須要等到何年才會形成了。

不過，在世界上各處人工島嶼，或填海而成的新生地，到是具有了這種『武貪格』、『火貪格』、『鈴貪格』的格局架勢了，未來一飛沖天，爆發旺運的機會是不可限量的。例如美國曼哈頓人工島、長島，以及杜拜新建的新生地碼頭等地皆是。至於像荷蘭那樣，做了廣大的地

美國總統甘迺迪家族老家是典型的火星形式的暴發運風水

火星形式的偏財運風水，在地表上處處可見，非常多，既好認，又容易促使人暴發。其中最知名的案例就是以前的美國總統甘迺迪家族的在麻塞諸塞州、布魯克林（Brokline Massachusetts）的老家了。

從白宮公佈的記載中，甘迺迪的曾祖父是愛爾蘭盛克斯福德的人，在一八四八年因逃荒而到美國波士頓。其祖父在波士頓開酒吧

面，漂浮在海上，再在其上蓋屋生活，雖然表面上和陸地一般，但實際地面下是空的，有大片海水。這跟泰國水上人家的狀況一樣，是水上築屋而居的形式，縱然再建成『武貪格』、『火貪格』、『鈴貪格』的形式，也不見得能發得起來，未來會更蕭條得快。

波士頓，甘迺迪家地圖

兼做銀行業務，也當過麻省議員，到了甘迺迪的父親老約瑟夫時代，其父進了哈佛大學，後來去銀行做經理，一次大戰完，投資股票發了大財，成為百萬富翁，並且到好萊塢開電影公司，後來又因支持羅斯福當選總統後，被任命為駐英大使。二次大戰時因反對美國參戰而下台，一九六○年美國的《幸福》雜誌，把甘迺迪家族列為美國第十二大家族，是屬於美國超級富貴一族的人了。

由以上的記載你可知道，甘迺迪的爸爸就非常有暴發運，才可從

布魯克林老家

他爺爺小小的經營中一飛沖天，有力量來干預美國政治，而甘迺迪本人，也是具有暴發運和偏財運的人，因此能在大運爆發『暴發運』的時候，加上長期家族『暴發運風水』的地氣之助，一舉而擊敗對手，當選美國第三十四任總統，成為美國歷史上以四十三歲當上最年輕的總統。

『暴發運風水』一定要搭配具有暴發運格的人才會有用的。像甘迺迪家中其他兄弟姐妹，一方面是沒有偏財運格，亦或是命格不強，因此家族風光就在當總統的這個人身上到此為止了。

另一方面，**具有暴發運格的人和地氣也要連在一起**，就像約翰‧甘迺迪四歲遷到此布魯克林的偏財運風水老家上，幼年時代即在此度過，長期接受地氣的薰陶及潛移默化，加速度及加溫，才能在後來要爆發運氣時有助力。否則就算你準備了一塊極佳的『暴發運風水』，但人很少住在那裡，和該地氣少有連帶關係，這是很難爆發好運，亦可能會轉向

暴發運風水圖鑑

壞運方向去的。

由地圖上我們可以看到甘迺迪老家的『暴發運風水』，是由幾條主要的大路所形成的。一條是鄉村很寬的大路 AVENUE，此條是波士頓的主要道路，在上面前轉入 COMMON WEALTH 的道路，形成『暴發運風水』中三角形的尖端，COMMON WEALTH 是英國式家庭農場或營業區。在此三角形『暴發運風水』的另一邊則是 BEACON STREET 和 HARVARD STREET，是有很亮的燈的街道所圍繞的。而甘迺迪總統幼時住過的房子，現在已列入國家紀念館了。在這一塊『暴發運風水』寶地上，雖然天時、地利和人都對了，但仍有一些美中不足的事，所以這塊『暴發運風水』幫忙他們只發到一個不太長的時間就嘎然驟歇了。

▼ 第三章 『暴發運風水』的特殊格局形態

這塊『暴發運風水』寶地的問題在那裡呢？

首先我們看到它不是一塊正三角形的土地，而是一邊有銳角斜出去的三角形地塊。當然你也可用此塊三角形中間的小街巷道來橫切攔腰隔成較正一點的三角形，但因巷道、或小街道的力量太小了，不足以影響地形。在真正『暴發運風水』中，由天空中俯視，其形狀仍是銳角三角形的地形。銳角三角形地形會帶來刑剋傷害，也會運氣偏向一邊暴發，發富或發貴，或當時有暴發運的人心裡想的最重要或最在平的事。如果是色情緋聞，也會發到那邊去，當然銳角三角形的偏財風水最易刑剋人，使人有傷災、血光、病痛、開刀甚至是死亡的。

此塊風寶地的另一個大問題是旁邊有查爾斯河（CHARLES RIVER）做反弓的狀態，正射向甘迺迪家的住處，形成非常大的煞氣。

河流或大海的煞氣主水煞，會在主金水、水多的年份出煞。因此甘迺迪

總統在一九六三年十一月遇刺身亡，當年是癸卯年，壬戌月。

如果從甘迺迪總統的生辰八字看起來，他的八字並不太高明，一定也不會比他的副手（後來的詹森總統）強，但是他有暴發運，又住到『暴發運風水』上，自然他比別人有較多的機會爆發，能得到大富貴了。

甘迺迪總統是一九一七年五月二十九日生的，八字是丁巳、乙巳、辛未、癸巳。

日主　辛未

乙巳

丁巳

甘迺迪總統的日主是辛未日，本命是混在土中體質脆弱的金。生

第三章　『暴發運風水』的特殊格局形態

在四月，火旺土燥，非水不能救急。而時干上有癸水，四支上皆為燥土，也容易吸乾，故為體質不佳之命格。在其命格中日支『未』中還藏著一個乙木。故本命中有兩個乙木偏財，為極強的『暴發運』格。

其紫微命格為『武府坐命』子宮，疾厄宮為『擎羊、左輔、右弼』。為脊椎骨及腎臟、脾胃、大腸、腹部內臟方面之疾病。

其人自幼多疾病，長期以類固醇及鎮靜劑等來應付各種疾病的併發症。三十七歲曾動脊骨手術，用金屬片固定斷裂的腰椎。

顯而易見的是此人在命體上本質就是脆弱的，命格中火旺土燥太嚴重時，遇水也會受到沖擊，這是命理上一個現象。而且容易凶死，遇凶而亡。因此在大運正是『火貪格』時，逢天機、巨門化忌的流年，有鈴羊在三合相冲而遭剋殺。時間正好是未時。

在甘迺迪總統老家的地圖上，本來可以由一些小街道將此地形重

62

新分割，而形成鐘形的地形形狀，則是好的，此鐘形地形上的人能有名聲響亮，如洪鐘般響亮，而遠播至海內外。但是小街道的磁場力量較小。由空中俯視時，整片地區，仍會以大街道或較寬、較明顯的街道或河流框起來。在這塊被框起來的土地中，就會有其巨大的磁場效應，這種磁場效應，也只有具有較旺級的『暴發運格』的人才能真正深刻體會。不具有『暴發運格』或『暴發運弱』的人，偶而會被觸動一下，但感受不深刻，也沒什麼影響力，或影響力不大。就像這塊布魯克林的三角形暴發運風水上，只有甘迺迪總統及其父老約翰甘迺迪有『暴發運』而有較大的知名成就。其他的人只能沾光享受富貴而已。

『韶山沖』的『暴發運風水』格局

在中國近代史上的關鍵人物毛澤東的傳記上記載著，他出生於韶山，位於湖南省湘潭縣西北與湘鄉、寧鄉兩縣接界。韶山又稱龍山，傳

說此地是舜遊覽過的地方，因此地地勢狹長，故又名『韶山冲』，由南而北，長五公里，東西寬三公里，遍山生長著松、柏、杉、楓，以及夾雜著叢生的楠竹，景色十分優美，並有溪水流過。

『韶山冲』的地形基本上就是『暴發運風水』地形，它屬於『武貪格』中的一型，主要以韶河、石獅江兩水為骨架，構成西部較隆起，往東和東南傾斜的地勢。也就是長條形地形，兩頭有出口的地形。

凡是住『冲』的地形上的人，最多也只能是家底微薄的小康之家，這已經是很不錯了，而且住在其上的人，也必定要離鄉才會有發展，但住在『冲』上的人，也必是較封閉的鄉土之人，安土重遷，因此不太會離開『冲』地，向外發展。只有命格中有『暴發運』及『偏財運』的人才會在運程催促下離鄉打拚而開擴視野。這位毛主席正是具有『偏財運格』的人，因此會有外出唸書的機會，進而成就了《韶山毛氏族譜》上對毛澤東所說的…『閩中肆外，國而忘家』了。

第三章 『暴發運風水』的特殊格局形態

韶山地圖

毛澤東的命格是『貪狼化忌、文曲』坐命申宮，遷移宮有『廉貞、鈴星』相照命宮，因此是命、遷二宮形成『鈴貪格』偏財運格的人，因為本命帶有『貪狼化忌』之故，故也是古怪的『偏財運格』。其人在性格上也會有其古怪的一面，這就是地利和人命，以及天時（時運）所交織成三度空間所形成之歷史結構了。

再加之毛氏幼年所住之『韶山沖』的家宅是名叫『上屋場』，當地人稱之為『一擔柴』式的『凹』形房屋，是一進兩橫、居住兩戶人家，堂屋正中為界，各住一半。在這棟房子中，分別住了鄧姓和毛姓兩家人。

這種『一擔柴』式的房子，左右兩邊就會分陰陽，房屋的運氣也會分為陰陽！而以八十年為陰陽運氣交替的循環。毛澤東出生時正為上元二運之時，有利於他們這一邊家宅之運程，故能誕生出撼動歷史之人物。

利歐丁（Leonding）市的暴發運風水格局

從資料中顯示：希特勒在一八八九年出生於巴伐利亞和奧地利的邊界布勞腦（Braunau am Inn.），但四歲以後，其父將家遷至利歐丁市（Leonding），並在此生長及受教育，父親是低層公務員，生活並不富裕。

我們由地圖上的大環境來看，利歐丁市位於北由多腦河，南有及其支流形成的三角地形之中。如果再用中程的距離來看利歐可市周圍的環境，又發現此市區正位於兩條大道相夾的地帶。如果再細看地圖，會更發現其人所住之房舍正是在一塊狹長地區上，四周有街道（Stadtpasse）環繞著，正形成貪狼地形的暴發運風水格局。

Leonding 之暴發運風水

我們再檢視希特勒之命格，也是具有『暴發運格』的人，他是『擎羊、左輔、右弼』坐命，對宮有『武曲化祿、貪狼化權、火星、天空』等星相照的人。暴發運在周圍環境之中。

凡是暴發運格由命、遷等對宮，或命、財、官等三合宮位所形成的人，皆是會性格古怪的狀況。況且他本命及暴發運格還帶傷剋，自然無法善終。有暴發運格的人再居住於『暴發運風水』之上，必早日受催促會離開出生地或生長之地而能大發。

第三章　『暴發運風水』的特殊格局形態

紫微屋相學

賺錢工作大搜查

暴發運風水圖鑑

希特勒所住之『武貪格』地形

希特勒出生地

希特勒幼年住屋

第四章

全世界文明中所出現之『暴發運風水』

※※※※※※※

世界文明從古至今不斷的演變，從早期的三角洲、河套生活，繼而開發建造鐵路、公路。這些如網路交織的地貌中，往往藏著無數的『暴發運風水』。

第四章　全世界文明中所出現之『暴發運風水』

　『暴發運風水』如何分大小呢？大家會很奇怪？

　『暴發運風水』分大小的方法有二：一是以『暴發運風水』形成的方式來分。例如前者所談的美國甘迺迪總統家，或毛澤東的舊居等等。主要是以有大川、大山、大路所圍成的，又以在兩、三萬尺高空俯視地面，都能很清楚的看到其所結成三角形或長條型之形狀者，稱之。

　此外像大河、大江的出口入海處所形成之三角洲，或大河河流經彎曲所

第四章　全世界文明中所出現之『暴發運風水』

形成之河灣、河套之所，皆為『暴發運風水』之寶地。但是填海造地之海埔新生地，以及像荷蘭用木筏連結起來形成地面，在其上架構住屋、街市，地底下仍是海面的地區，是無法形成『暴發運風水』的。還有像泰國一些水上人家，以船屋居住，也是無法形成偏財運風水屋。像美國曼哈頓島，也是無法製造出『暴發運風水』的。現今有衛星在太空中循迴環繞攝影，能把地球上每一吋土地拍攝地圖傳回地球，還有外國網站提供各地區地圖，這是最容易尋找搜尋『暴發運風水』的方法了。

大江、大河的出海口地區，最容易形成大的『暴發運風水』了。

例如大陸的上海市。東面是太平洋，又有黃浦江、吳淞江等流域蜿蜒而過，大的區塊會形成大的『暴發運格局』。不但如此，又在上海地區其中尚有小的塘渠，如虹江、泗塘、徐浦、松浦、寧浦、南浦、上海浦、下海浦等等，這些也能在地形上，結合道路、街道形成『暴發運風水』。

74

第四章　全世界文明中所出現之『暴發運風水』

上海地圖

第一節　『暴發運風水』下之街道形式

小型的『暴發運風水』即是縣市中、小的街道及巷道，或小的溝渠、小河流以及支線鐵路道道所相互交叉所形成之『暴發運風水』。

小的『暴發運風水』往往是市鎮開發後，不斷與關道路、公路或鐵道，再加上原有地形上之小河川或溝渠、流水、圳塘所形成的。因此也往往是人口愈密集的地方，則小的『暴發運風水』格局愈容易顯現出來。例如台灣俗稱的『三角窗』店面鋪位，就是真真實實的『暴發運風

風水』，為中型的『暴發運風水』。

會流過數個縣市的河川，以及省、市、縣的幹道所形成之『暴發運

暴發運風水圖鑑

水』了！因此說『暴發運風水』遍佈全球文明世界是一點也不為過的！

愈是經濟發達的國家城市，也愈多『暴發運風水』格局的地方。自然也愈容易讓某些具有偏財運的人得到暴發機會了，只要地氣、人氣和時間、空間相結合，自然能爆發出驚人的火花，讓某個人得到大富貴的。

以台北士林區為例，即是『暴發運風水』格局，士林有基隆河和外雙溪注入基隆河。很早就有中山北路之幹道，將地形切割成三角形，現今又有淡水捷運線經過，更形成其風水態式。因此你可發現到樂透彩數次中頭獎之彩券行正在此『暴發運風水』格局之中央地點。

台北市的天母地區有磺溪和外雙溪交接所形成之三角區塊，也是屬於暴發運風水格局之地，現已有很多家大型百貨公司進駐了，未來不可限量。

此外像萬華地區是新店溪注入淡水河的地帶，並且有萬大路、艋舺大道，或中華路將之切割，其中也會有無數的『暴發運風水』格局會

出現。

台北士林區地圖

三角圖塊為士林區偏財運風水區，
黑點為彩券行。

又如景美溪注入新店溪而形成文山區和新店市一些區域的繁榮地

帶，成為『暴發運風水』格局的地區。

另外，像板橋有新店溪和大漢溪相夾，並行成彎曲地帶，正是

『暴發運風水』格局最好的地方。其中又有許多重要幹道、鐵道、公路

通過，肯定會發不完的。

其實『暴發運風水』無所不在的！小小的巷道交叉相圍起來，也

能形成『暴發運風水』。

最近，我應一位學生之邀，幫她看購新居的風水。她很高興的告

訴：『房屋仲介公司的小姐告訴她，這是一棟『御飯團』格局的房子，

仲介公司的小姐十分洋洋得意，但也說不出所以然，好在那裡？這位學

生立刻來問我，何謂『御飯團』房屋？

其實『御飯團房屋』，說穿了就指的是『暴發運風水』格局的地形

的房子。實際上也就是建地之地形為三角形的狀況。

當你聽到是『暴發運風水』格局的房子，千萬別高興太早！一定要好好看過、研究過房屋建構的實際狀況，才能下斷語，評好壞！通常賣房子的小姐，只知其一，不知其二，只抓住了『御飯團』三個字，覺得很可愛來唬弄人，其實再問下去，她也答不出有何特別之處了。

果不其然，我隨學生到達『御飯團』現場，發覺這是一批蓋在很小的銳角三角形的建地上的一批房子，最外面一排是面朝小街巷道是店面房子，門口地基較高，而這一排房子的後背地基便朝下低落下去，而地基外露很清楚。也就是說這排房子前後地基高度相差一、二尺，建商用填土的方式來隱藏此事實，但土還沒填。此塊三角形的建地另一邊則有汽車通行的地下道切過，汽車快速穿向地下道，看起來觸目驚心。不但如此，此塊建地夾在周圍許多大樓之中，它是最矮的，十分有壓迫

暴發運風水圖鑑

感。另外在建地對面還有一棟廢棄工程的未蓋完的大樓，很多支柱子的

鋼筋正張牙舞爪，像個惡魔般猙獰的直沖此塊建地而來。

這位學生起先一聽『御飯團』房屋就是『暴發運風水』的房屋，

高興的不得了，大聲叫好。但我看後頻頻搖頭，勸她別買，別浪費錢，

她也覺得失望。但房屋風水格局太差，也只得作罷，否則花了近千萬的

錢財，因格局環境風水的問題，而遭災惹禍是得不償失的！房子前高後

低是家宅不寧，會退運、退財。再加上根基不穩，新填土，地震時就很

危險。此塊建地是銳角三角形的建地。**前面說過：銳角三角形的風水格**

局定有刑剋。在這塊建地中，只能選三角形正中間的一戶為最佳的選

擇，但因是銳角三角形建地，另一邊有煞氣沖來，事實上此三角形建地

中每一戶人家都逃不過被沖煞的命運。並且，當『暴發運風水』格局的

土地為有斜坡的狀態時，此種『暴發運風水』並不一定會發，亦可能家

第四章 全世界文明中所出現之『暴發運風水』

暴發運風水圖鑑

運倒退得更快，財運一泄不可收拾。住在其中，亦可能會被倒債、生病、家破人亡。因此，在山上若有『暴發運風水』，因有山坡傾斜的關係，是很少會發的。『暴發運風水』一定要是在一塊平地上才行，或者是在山地間已開發出一塊平地，再形成好一點的『暴發運風水』，也是可以發的。

汽車地下道

御飯團地圖

第二節 『暴發運風水』的其他形式

在『暴發運風水』中，有些是環境造成的，有些是地勢造成的，尤其在小的『暴發運』格局中，尚有許許多多的條件可形成『暴發運風水』，現在待我一一道來。

1 房屋外形成尖三角形，或屋頂為紅三角，或整個房屋為紅色古怪現象。

在外國有很多房子有這樣尖頂又有紅色磚瓦的房子（如圖），就是英國著名的紅屋（Red. House），這是五行屬火的房子，是具有『火貪格』的『暴發運風水』的房子。

2 或是屋頂有尖狀物、旗桿或避雷針。要較粗大的避雷針才行。

暴發運風水圖鑑

英國紅屋

但此種房子會帶刑剋。這與『暴發運格』帶『擎羊』格局的房子亦很像。易帶血光，或爆發了好運以後有災難發生。（如下圖）

3 河流和公路、街道、火車道或電車、捷運（地鐵）所形成的三角形地帶，具有特殊磁場，這會發得也快，暴起暴落也快。但一定會發。

4 數條街道的交叉口所形成數塊『暴發運風水』塊面相互卡緊的狀況

（如圖），甲、乙、丙三塊『暴發運風水』塊面，呈輻射狀展開，但皆有一角朝向中心。這三塊『暴發運風水』皆會發，但面積大的、腹地大，會發得大。面積小的、腹地小發得小，或沒有感覺。面積較小的三角形『暴發運風水』，亦可能受到其他大塊面積『暴發運風水』地形的壓制和刑剋，會更窮、傷災、病災更多。在富岡就有這樣的地形，通常便利商店都會選擇這種俗稱三角窗的地帶來開店。但三角形面積太小，『暴發運』腹地太小，會被旁邊大塊腹地的『暴發運風水』壓制及刑剋，而且也易形成×形或y形街道風水，因此換了很多家招牌的便利商店，但仍有人不死心、不放棄，因此便利商店的招牌顏色就常換，一會兒綠，一會兒粉紅，一會兒大紅，老板也一直換不完了。而且聽說裡面工作的工讀生及人員，也常車禍受傷，這自然是生意不佳，做不下去，但這總是個三角窗的店面不是嗎？

暴發運風水圖鑑

通常地名或街道名中有『富』字，如『富岡』、『富源』、『富新』、『富民』、『富錦』等字時，該地皆不富有，並且為該地最荒涼寂寥之地。大概有祈求『富裕』之望吧！

▼

第四章　全世界文明中所出現之『暴發運風水』

暴發運風水圖鑑

⑤ 具有磁波頻率強的地帶皆有暴發運、偏財運。例如高壓電塔旁的住宅、發電廠旁的住家、電力公司輸送電力設備旁的住戶等等。

●便利商店
○加油站

小的『暴發運風水』會受大的『暴發運風水』刑剋。

住在電磁波強的地方，偏財運強，這千真萬確的事情。有一位從軍職的朋友常有『偏財運』，常抽中大獎不說，樂透也中過好幾次較大的獎金。大家也都知道他的『偏財運』很強，但他脾氣古怪，也從沒人

暴發運風水圖鑑

敢和他討教。有一天，他自己來和我說：『老師！你看這『偏財運』好的不得了，隨便買買，就中獎了。你們還要算，我根本不用算！』言下之意：好運好到極點，擋都擋不住了。我向他說：『你家附近有電塔或變電所嗎？』他說：『沒有哇！為什麼這麼問？』他再想了一下，突然說：『我家住二樓，我的臥室有一面窗的外面剛好有一個電力公司的變電器還是輸電盒之類的東西，是供應我家附近電力之用的。有一天那個變電器跳電，我家周圍還一片漆黑呢！修了很久才修好。害大家悶了一個晚上！』這就對了，凡是有暴發運、偏財運的人，尤其是『火貪格』、『鈴貪格』的人，最容易住到這種帶火形的住宅之中。這種狀況有好、有壞。一方面暴發運強、偏財運多，其人會不可一世，自以為是旺運的人，很驕傲，也不太理人。另一方面，電磁波也會影響人的情緒和身體、生癌症、血癌或各種癌症的比率增高。另外也會發作精神疾病、

▼ 第四章　全世界文明中所出現之『暴發運風水』

89

躁鬱症的速度加快。本來有火、鈴在命宮、福德宮、遷移宮，或財、官二宮出現，八字上再火多的狀況，其人都易得精神疾病的躁鬱症，但受電磁波影響後，會更快發作，可能在三年、數年後就成為精神病嚴重的、無法工作的人。亦可能在數年之間發現癌症而病入膏肓。因此這種『偏財運』多半是有命中、沒命花的狀況。

某些住在電塔或電磁波強的地帶，但本身是正財命格，無法形成『暴發運格』，或是『暴發運格』為破格的人，仍不會暴發偏財運，只能承受強力電磁波的惡質運氣了。通常這些人也是貧、病交迫的狀況。

只有遷居是對他們好的事。

⑥ **屋頂為尖頂，或屋頂有較粗的避雷針的屋相也為『暴發運風水』的房子**。例如有特殊造形的房子，屋頂上有像古堡一樣有一個三角形的突起物，如（圖六），或如（圖七），房子或大樓的一邊如三角形的

斜邊一樣傾斜面下，或是房屋頂上有較粗形的避雷針（圖八），或是房子前後有旗桿等屋相，如（圖九），又例如像外國教堂，有尖頂（圖十），或中國廟宇有飛簷（圖十一）的屋相，也都於『暴發運風水』之地。

第四章　全世界文明中所出現之『暴發運風水』

（圖六）

（圖七）

（圖八）

（圖十）

（圖十一）

（圖九）

暴發運風水圖鑑

事實上，**教堂和廟宇常是人發『偏財運』的地方**。某些學生信徒突然得到教會的資助而到外國留學，得到博士、碩士學位。這是偏財運！這不是每個學生都會得到的。多年前美國有一對夫妻檔的牧師很會傳教，因此得到龐大的捐款，從此過奢華的生活，但夫婦太過囂張，牧師又有性騷擾，及搞男女關係的敗行，因此被揭露，最後夫婦倆判刑入獄。這對夫妻就是用教堂這個『暴發運風水』，再加上自己人生的『偏財運格』，而快速發富，又暴起暴落的。聽說，最近這對夫婦已出獄，但勞燕分飛，而他們會不會東山再起，換個名字再找地點再傳教，再走發富的路子，我想是肯定會的。就像台灣許多廟宇中有神棍或寺廟委員會委員，當在廟宇中有醜聞爆發之後，又遷移到他處再另起爐灶一樣，因為人的經驗模式會影響人的思考，如果有一段時間會靠某些經驗賺到了大錢，以後他就會一直想再度拷貝這種模式去賺錢，而不想再想其他

93

也要抓住，不管是否會影響到自己或家人的健康或性命。這種人住這樣的房子，他如果有『偏財運格』，他會爆發，但暴起暴落也很快，而且極容易變得神經質，很快得到精神病中的躁鬱症。常常是還沒檢查出癌症之前，已先得精神病了。

至於房子外觀像帳蓬一樣，呈三角形，屋頂披蓋到地的房子，多半會做教堂或特殊用途，其中很少會住人。如果是傳教士住在其中，他最好也要具備『偏財運格』，才會有不一樣的人生，否則為正財格的人，容易住不久而離開。

具有『暴發運風水』的帆船飯店

像阿拉伯的帆船大飯店，本身外型像帆船的帆一樣，又豎立在大海上，是人工與科學的極致。它本身就是一幢具有『偏財運格』的大飯

▼ 第四章　全世界文明中所出現之『暴發運風水』

暴發運風水圖鑑

店，在極短的時間就能招來巨大的財富。但此棟建築亦會刑剋不斷。帆船的造形五行屬火，豎立海中，為火水相剋的局面，又因受風阻力的影響，目前地球上氣候轉變也很突兀，以後要小心像南亞海嘯的事發生，或是逢火土年，有火災，付之一炬而煙消殞落。

帆船飯店照片

96

豎立旗桿的『暴發運風水』

屋前或屋頂有旗桿豎立的房子，多半是機構或學校，或紀念堂、博物館之類的房子。但也會有人住在廣場邊，廣場上有旗桿而形成此種有旗桿在屋前或屋後的形態。這種房子也會具有『偏財運』，但要看旗桿房子的距離有多遠，離得近的影響大，離得遠的，影響小。還要看住的人是否有『偏財運格』，有的話則會發。另外還要看此旗桿是否在用。有些是廢棄不用的旗桿，表示已入陰運、衰運，『偏財運』就不易發了。此外，有『偏財運格』的人，又想暴發的人，須住或坐在與旗桿正沖的位置才會發得快，但有刑剋、傷災。所住的房間或坐位在旁邊，縱使其人有『偏財運』也不一定發，這和路沖的道理是一樣的。

7 庭院的花木與屋形也能製造『暴發運風水』。通常命格中火多或命、財、官、夫、遷、福中有火星、鈴星的人，在選擇住宅時多半會選紅色多一些的房子住，例如屋頂是紅的，或牆是紅磚牆等樣子的住宅來住，紅色的住宅由具有『火貪格』、『鈴貪格』的人來住，是最容易有『暴發運』、『偏財運』的了，但也要小心易失火。

98

在桃園有一戶庭院非常有意思，庭園中火紅的雞冠花很茂盛、興奮的向上張揚著，像火燄、火苗在搖曳不停。搭建的鐵皮屋，屋形用紅色勾邊。據說也是中了彩券，買了這塊地來做工廠的，但地質不佳，在進門口旁邊還有一塊小小的墳墓，很不好看，因此撒些種子種花蓋起來，陰錯陽差的撒的是雞冠花種子，因此就長成一片如火海似的庭園了。我想也是這位工廠廠主又該發了吧！否則為何不會買到別的花種來種呢？其實要把整間庭園種的『紅通通』的，還真不容易呢！

這種庭園種的紅色一片，是屬於『火貪格』或『鈴貪格』的『暴發運風水』。我曾看過一個『武貪格』的人，在南部把他的庭園種植排成長方形的柏樹，這也就是『武貪格』的『暴發運風水』了。

『火貪格』的庭園

第五章

『暴發運風水』為壞人
利用也會造惡

❀❀❀❀❀
　『暴發運風水』會為『好
人』生旺氣，也會為『壞
人』搞爆發好運。壞人想發
財、想掌權，利用暴發運風
水，也能成功。

第五章 『暴發運風水』為壞人利用也會造惡

好的『暴發運風水』會引領人進入旺運程式階段，繼而爆發好運，升官發財，或是獲得最高權力，或是發大財，或是擁有控制一方百姓性命、財富的權力。不好的『暴發運風水』則會使有『暴發運』的人，在發了之後，易走入無法無天的顛狂境界，來殘害自己周遭的人。

『暴發運風水』有格局大小之分。個人之暴發運也有大小之分。

像前面所談及的希特勒之『暴發運』能做到納粹及德國領導人，能興風作浪、顛覆了大半個地球，這就是大的、壞的格局的『暴發運格局』。

▼ 第五章 『暴發運風水』為壞人利用也會造惡

『暴發運風水』促使屋主殺害家人

台灣彰化二水鎮所發生的洪若潭將自己一家人送入焚化爐，毀屍滅跡，讓一家人神奇消失在地球上的命案，以及轟動一時，達數月之久的台東搞軌案，其實也都是因為『暴發運風水』和具有暴發運命格的人相互磁場作用，所產生的駭人狀況。

據說，洪若潭早年做生意發過財，可見他有『暴發運』，因發在工作上，故很可能為『武貪格』的『暴發運格』。其人非常講信諾，重義氣，自己臨走前還會還清欠債才走。再加上其人佈置家院大門，處處以火形（三角形）以及紅瓦白牆的屋舍為主，其人個性古怪，凡事講求完美，自以為是，其人亦可能為同時具有火、鈴等『雙重偏財運格』之命格。再加上其地理環境為在彰化二林鎮之中西里，地處於二林溪和魚寮溪之間。其間又有二城路、斗苑路，多條幹道，將之地形切割成三角形地形之『暴發運風水』格局。大環境即是如此，地理環境、地氣、地

暴發運風水圖鑑

彰化二林凶宅地圖

運，再加上其人天生之性格及精神狀態，必會在一個特定的時日中，爆發驚人的問題，這種問題，因其人性格思想的古怪，也往往是殘忍、血腥、不人道的狀況。此人的行為也會超出一般人難以想像的境地。

暴發運風水圖鑑

彰化二林凶宅地圖洪若潭宅山形大門

『暴發運風水』促使貪報而謀財害命

南迴搞軌案的古怪，在我看來，也屬於『暴發運』格局的突變所產生的惡質後果。

此案的原本主角是現已自殺身亡的李雙全。其人在五、六年前便已謀害了前一任越籍妻子，使其被眼鏡蛇咬傷致死。在二○○三年（未年）再與越籍陳氏紅琛結婚，前後兩次製造火車事故，第二次在二○○五年六月二十一日，南迴鐵路出軌案中，致其妻致死。二○○六年三月二十二日晚自殺身亡，我們由許多的時間點來觀察，可以看出他兩次謀劃殺妻事件，皆在卯、酉年。因此卯、酉年是一個關鍵點。通常，人會想到殺人，再加上謀財害命，想詐領保險金，多半是『窮凶極惡』。因為窮又欠債，或想找尋更多的錢財來享受，才會出現極惡的野心來預謀殺害自己身邊的親人。另一方面也因為他曾經得逞，吃到甜頭，而想再

▼ 第五章 『暴發運風水』為壞人利用也會造惡

用相同方法一做再做。通常，在卯、酉年運氣最差、最窮的，就是『紫微在巳』與『紫微在亥』兩個命盤格式的人了。他們在卯年、酉年會走廉破運或天相陷落運。凡是會走這兩個運程的人，在卯、酉年必窮，或有不吉之災事。如果再有文昌、文曲或化忌、擎羊、天空、地劫、火星、鈴星同宮，也會更窮，或更窮的古怪。

另外，也可以說，凡是會走廉破運及天相陷落流年運程的人，也必有『武貪格』在命盤之中，亦會在丑、未年有爆發之勢。因此，我斷定李雙全其人也是具有『暴發運』、『偏財運』格局的人，否則他不會在一次詐領保險金時，順利領到花用。其實他完全不知道這是也本身具有『暴發運格』的因素。但是他的『暴發運格』是否是好的？是否有刑剋？由這次事件能斷定是刑剋極重的『暴發運』了！此人又喜歡玩股票、玩賭博遊戲，這些都顯然是稍具『偏財運格』的人所會具備的先天性格。這種性格亦可稱之為賭徒性格。這與之前為詐領保險金之殺人魔

陳瑞欽，先後殺死六名親人的狀況也頗相似，都是在命窮時想作案，在有『偏財運』時，僥倖拿到保險金，沒被發現，因為得之容易，便想依法炮製，因此會接二連三的犯案。

『暴發運格』的人有怪癖

通常具有『暴發運格』的人會具有一些怪癖。『暴發運』愈強的人，怪癖愈多而愈重，性格古怪、強勢、凶狠。如果『暴發運』再帶有殺氣、煞氣，形成有刑剋的『偏運格』時，就會產生邪惡、刑傷身邊的人。在命理上有『因財被劫』而窮凶極惡，持刀殺人或被殺的命格。具有『暴發運』的人，也會遇到如此狀況。況且具有『暴發運』的人其本人在運程上就有『暴起暴落』的特質，因此因『暴發運』圖謀而來的不義之財，也會在非常迅速、快又短暫的時間下快速成空。常常這人也想不出來是為何花得這麼快就錢也空空了。

▽

地理環境也會促使『暴發格』的人古怪發作

從地理環境來看，李雙全的住屋位於台東豐源大橋附近。此處有利嘉溪流過，又有南迴鐵路和台十一線公路**形成三角形之偏財運風水格局**。台東是一個狹長地帶的地理環境，東臨太平洋，西有中央山脈依靠，台東和花蓮命稱花東縱谷，其地理位置位於歐亞大陸版塊與菲律賓版塊的交會處，其地理形態在地理學上有裂谷之稱。為兩板塊的隙縫，以花蓮外海到卑南溪口，所以此地形在地形上也類似，亦可稱之為『沖』的地形。再加上有許多小溪流會切穿海岸山脈，因此能形成多小的『暴發運風水』格局，但因河川又短促，集水區域小，流水量不豐，因此也多半成為暴發運風水的敗筆。會有時有『暴發運格局』出現，有時又不顯。要看天干、地支天象多水的年份，形成『暴發運風水』格局的可能性才會較高。

110

台東搞軌案凶嫌住處形勢圖

111

夏季出生，命中火多的人，會易有『暴發運格』

一般來說，農曆四、五月夏天出生的人，較易具有『暴發運格』。

這種命格的人，也多半命中火多缺水，又逢二○○六年丙戌年，南迴出軌日為六月二十一日的人，在夏至左右，月份是甲午，形成火旺的氣勢，對於命格中火多缺水的人來說，是份外難熬的，常心煩意亂，頭腦不清了。此時也心火旺、心窮，而想謀不軌，或是想找點亂子，故意搞破壞，命格凶悍煞氣又多的，會想方法殺人、放火。命格中凶不及此的，有些人在鬧感情問題，離婚或分手搞得灰頭土臉。有的人在工作、事業、錢財、投資上一敗塗地。所以火多、土多、水多、木重，金重的年、月、日，都會有人在發狂、自找滅亡或自找災禍，這就是一些我們眼睛看不到的氣蘊在作祟，這也是我們常俗稱的流年歲運上的刑剋而使然的了。

第六章

『暴發運風水』會吸引誰進住其中

❋❋❋❋❋❋　『暴發運風水』最會吸引有『暴發運格』的人。自然也最吸引暴發戶了。沒有『暴發格』的人，即使住進『暴發運風水』也會不發。

第六章 『暴發運風水』會吸引誰進住其中

前面說過了，『暴發運風水』的形成其實很簡單，又容易形成。常常由於街道、巷道的改變、公路的興建，亦或是河流改道，或高速公路的關建，亦或是產業道路的開發，都會很容易形成偏財運風水，因為只要能形成三角形地塊之地形，或狹長形狀的地塊，就容易形成『暴發運風水』了。另外像架了高壓電的電塔、牌樓等等，亦或是屋前、屋後或房屋屋頂上有尖銳物，山形物或大片紅色物等等，亦或是被火燒過，原

地改建的房屋，亦或是土質土色，再有尖聳物突起，或三角形之建築者，這些也都有助於『暴發運風水』格局的形成。例如桂林陽朔山水，山形成圓椎狀，就是『暴發運風水』格局。要看誰去住在那裡，也要看該風水格局的流年運程會在何時才發。另外像明朝開國皇帝朱元璋，幼年住在廟中長大，後來能成就其皇帝之命，此廟也必為『暴發運風水』格局。

凡是人要成就大事業，必要有其命格的先天條件——『格局大』。

這個『格局大』包括了許多先天條件，例如人的先天條件素質好，具有不屈不撓的性格，有上進心、學習心，同時也具有掌握好運機會的先天敏銳度，與先天有趨吉避凶的能力，生命力強，不易受到刑剋，但能復原快，或否極泰來。這樣讓生命不斷的受到試煉，慢慢到刑剋，自然能形成後面最大的『果』了。自然在這種生命的茁壯過程茁壯，

116

裡，最需要地理環境，『地氣』的幫助了。『暴發運風水』就是一種特殊的地氣，它能使人上進，更能使人野心強，還能幫人促發某些運氣。在古時候，許多學子上京趕考，因為貧窮或省錢，會在路途上住在廟裡，或在廟中苦讀，後來考中狀元的人，從此飛上枝頭做鳳凰了，比比皆是。當時看起來，似乎是此人苦讀成功的結果。但如果你仔細想來，可發現廟的建築物多半是尖角，或飛簷形式，如果廟的位置、地勢佔得好，這個地理環境就是最佳的『暴發運風水』格局了。也因此，住在廟裡的人歷代何其千萬，能真正考中壯元、解元、探花的，仍寥寥可數。

這當然需要其本人的命格帶有主貴的『暴發運格』（亦稱『偏財運格』）而且要在旺運的時間點上，走進能促發自己暴發旺運的『暴發運風水』格局之中才能一發擊中，成為一人之下，萬萬人之人的天子驕子，得到最高榮耀。

第六章　『暴發運風水』會吸引誰進住其中

在這一套暴發程式的命運鎖鍊之中，如果有某一個環節後繼無力，便會功虧一潰，也就成就不了如此大的功業了。

例如某些人的本命格局中，本命財少，或財多身弱不能任財，再加上『暴發格』不顯，或是本命財少、『暴發運』有但較小，縱然能進入『暴發運風水』格局之中居住，也會發得小，如低空煙火一般，或者是根本不發，毫無跡象，依然貧窮。

第一節　『暴發運風水』會吸引暴發戶

究竟是什麼樣的人會順應命運進入到『暴發運風水』之中，這當然首推是具有『暴發運格』的人，才會在冥冥中像有神仙帶路，鬼使神

差的進入『暴發運風水』之中。普通沒有『暴發運』的人，縱使是同樣旺運產生，常常還會哇哇叫『好運在那裡？』『為何不是我有此好運居住在『暴發運風水』寶地之中，仍然不會感覺到有何異樣，或有何呢？』

台北士林連開二次樂透頭彩的飛來發派彩行，大家都奇怪？為何

中獎的都不是自己的員工，而是外來的顧客？這些員工已那麼接近『暴發運』的中心點了，但仍與偏財運遙遙相望，可望而不可及，你是否也會奇怪、有這種想法呢？

其實這家派彩行，大致說起來也算處在『暴發運格局』之中，門

前是川流不息的幹道，背後旁邊是巷，能形成『暴發運格局』，但是必須是時空對了，時間及空間相互配合，具有『暴發運格』的人，又會在對他有利的時間，以及此間派彩行又是屬於他的方位所在，他才會走進

這間派彩店買彩券，而能得中頭獎的。

很多人聽說這間店賣出過二次頭獎，紛紛來沾喜氣，來此店買彩券，也想有此中獎好運。但這就說不準了。因為這家店是否是你的吉方？財方？再加上你的『暴發運格』是否成格？是否有瑕疵，會不會發？還有暴發的時間為何？這些一一要配合妥當才會發！

光有『暴發運風水』也不發！多少人守在那『暴發運風水』寶地上也都沒發，光有『暴發運格』，時間沒到，也不會發，因此『天時・地利・人和』是『暴發運』爆發的必要條件。本身命格沒有『暴發運』的人，縱使待在『暴發運風水』之中也是枉然的。

（有關偏財運暴發時間的推算，請看法雲居士所著《如何算出你的偏財運》及《驚爆偏財運》一書。如欲找偏財運數字，請看《樂透密碼》）

我曾在《對你有影響的身宮、命主、身主》一書中寫下這麼一段話：『每個人都是應運時間、空間的需要而出生的』。

所以具有『暴發運格』的人，也是應運家族需要，應運天道、天時和地面上每一個地點之特性而應運而生的。**例如：家道窮**，會生出一個『暴發運格』的人，帶來一下子的短暫旺運來解救了父母燃眉之急一下。家道富，家中也會有其他的政治、權力相互傾軋不和的狀況，使其父母情況危急，有此『暴發運格』的人誕生後，亦能解救父母於危難之中。

有一位軍人朋友，他是『紫火貪』命格生於酉宮的人，因為不知道確實出生時辰，常和我辯論，可是據其敘述，其母生他之時，是入冬的半夜，早年鄉村，夜晚黑暗，無路燈，也很少計程車。可是母親即將

臨盆，腹痛難忍，其父扶她到馬路邊等計程車要去醫院，心急如焚，原本是根本不可能有計程車的，但等了沒幾分鐘卻來了一輛計程車，很順利的載到醫院生下嬰兒，就是這位軍人朋友，再加上他皮膚黝黑中泛紅光，因此我斷定他是子時生的人，命格是『紫火貪』格，因『紫火貪』格的人是『暴發運格』，在出生時也是會為父母帶來好運的，因此會突然有計程車出現，有貴人將其母帶至醫院生產。

其人因有火星居旺在命宮，故會皮膚黑中發紅，有亮光。看起來十分健美，有人稱之為古銅色皮膚，實際其人皮膚還要紅。

凡有火、鈴入命宮的人，都屬於脾氣古怪的人，火、鈴亦是煞星，亦有其凶殘的內在性格。在某次聚會上，據其所說：很多年前他駐守金門之時，島上有一些流浪狗，也有一些是軍方所養之狗，有一天發現他們所養之狗兒們都生下了疥瘡，一查之下，發覺是流浪狗傳染而來

的，他們因此往上報告，並建議將狗全部滅殺。數天之內殺了一千多隻

狗，弄得金門真是腥風血雨，臭得厲害。本來是溫馨愉快的餐會，這一

下子立刻氣氛殭硬，令大家瞠目結舌。有人直接罵他沒水準、沒知識！

難道不知道狗疥瘡是有藥可治的，實在不必殺生，做出如此凶殘之事

的。他也發覺受到指謫與攻擊了，立刻推說，這是上司授令，不可違反

等等理由，聚會很快就散了，以後也沒人再想跟他聚會。

後來有別的朋友問我：為何你說他有暴發運？但他又如此凶殘，

殺了那麼多生靈而不當一回事？

其實有暴發運格的人，多半性格強硬，對於將暴發的事物意志力

強，即使是命格中有『刑印』格局，會懦弱的人，若是亦具有『暴發運

格』的話，在其爆發『暴發運』的時間點內也會性格突然強硬起來，一

反常態能做出令人咋舌之事，讓人刮目相看。

▼ 第六章 『暴發運風水』會吸引誰進住其中

123

武貪格

【辰戌武貪格】

屬於人的『暴發運格』，有『武貪格』（下分『辰戌武貪格』及『丑未武貪格』）、『火貪格』、『鈴貪格』。

紫微在寅

巨門 旺 巳	廉貞 天相 廟 午	天梁 旺 未	七殺 廟 申
貪狼 廟 辰			天同 平 酉
太陰 陷 卯			武曲 廟 戌
紫微 天府 廟 寅	天機 旺 丑	破軍 廟 子	太陽 陷 亥

紫微在申

太陽 旺 巳	破軍 廟 午	天機 陷 未	紫微 天府 得 申
武曲 廟 辰			太陰 旺 酉
天同 平 卯			貪狼 廟 戌
七殺 廟 寅	天梁 廟 丑	廉貞 天相 平 子	巨門 旺 亥

『武貪格』中之『辰戌武貪格』，是在命盤上之辰宮、戌宮有『武曲、貪狼』相照而形成的。也就是命盤是『紫微在寅』及『紫微在申』兩個命盤格式的人會具有『暴發運格』。在此格局中若再有火星或鈴星在辰宮或戌宮出現，則屬於『武火貪』或『武鈴貪』的『雙暴發格』，有『雙重暴發運』。

　【丑未武貪格】：是在命盤的丑宮或未宮有『武曲、貪狼』雙星並坐而形成的。也就是命盤是『紫微在巳』、『紫微在亥』兩個命盤格式的人會具有的『暴發運格』。

　在此格局中若再有火星、鈴星在丑宮或未宮出現，就會形成『雙暴發運格』，有『雙重暴發運』。

『武貪格』中之武曲是正財星，同時也是代表政治、軍事、商業，注重利益鬥爭之星。很剛硬、意志力強。**貪狼是主慾望、貪念，掌權、掌握好運之星，也會運用智慧奪權、鬥爭。**因此凡是命盤上具有『武貪格』的人，皆有競爭心，想超越別人，獨享好運。這些好運包括了財富及掌權、地位等，能控制其他人的手段等等。

倘若你周圍有『武貪坐命』的人，你可以發覺他的脾氣是非常古

紫微在巳

紫微在亥

怪的，很少說話，不太和人溝通、悶悶的，小時候功課平平，也不特別聰明，但是三十五歲以後會開始有好運，和幼年大不相同，彷彿換了一個人似的。這是因為『武貪不發少年時』，所以會小時了了。三十五歲以後才開運，走老運。『武貪坐命』的人小時雖悶悶的不吭聲，但他的自我教育在這種時候漸漸完成。個性也在此幼年時期形成。形成的有果斷的毅力與行動力，還有觀察好運，和直覺上去搜尋好運的能力，以及建立自己頑固的喜好和對是非善惡的評比標準。

『武貪坐命』的人，會嫉惡如仇，凡是自己認為不對的，便強力排斥或攻擊。**例如：某些武貪坐命的人是不喜歡賭博及買彩券的**，不但自己不買，也不准家人買，否則他就覺得此人是賭徒或敗家子！武貪坐命者之『暴發運』，多半爆發在事業上，也會大多數的武貪坐命者之身宮落於官祿宮，這表示其人重視事業、熱愛工作，同時也會對家庭很用

▼ 第六章　『暴發運風水』會吸引誰進住其中

心，把家庭看做事業的一部份，小心守護，不讓其有任何不完整的地方。雖然有的武貪坐命者仍是會離婚，那在他的命格中也必有刑剋受傷的部份，這對他來說也是最大的一個打擊了！

現在要說到命盤中有『武貪格』的人，也會具有和武貪坐命者類似的一些習性和性格上的問題。因為在命盤上的『武貪格』通常只佔有命盤上一個宮位或兩個宮位，因此這種武貪格的性格，通常只在行運到『武貪格』時才會發作。在其他時間，就會有其他不同的性格產生。

如果命格是『武貪加火星或鈴星』坐命的人，其性格會更古怪了，好像會特別聰明，但脾氣暴躁，不像武貪坐命者為了達成某個目的、目標那麼有耐性。反而做任何事會一時興起，又像一陣風一樣掃過。特別喜歡流行、好虛榮，有時愛現、做事速度快、馬虎，常常靈光一現，便馬上行動了，做不成又立轉換目標，一刻也不多停留，因此做

事成功機會完全碰運氣了。但他們在財運上有好運，所以生活上不會成

問題。凡有『火、鈴』在『命、遷、福德宮』的人，多半易有躁鬱症，

精神方面的疾病，有時與奮過頭，有時情緒低落，而且很容易發病。

『火星、鈴星』皆是刑剋的煞星，入人命皆對其人有刑剋，致使其人行

為怪異，也就不那麼讓人難以瞭解了。

在命盤上有『武火貪格』或『武鈴貪格』時

，其人在走『雙暴發

運』的同時，也會有怪異行為，同時也會有精神上之問題，躁鬱症等問

題，只是情況沒前者嚴重，而且過了『雙暴發運』的時間，有時就會恢

復原來的自我了。

『雙暴發運』在理論上會『暴發財運』或事業運會較大一些

，但

暴落的速度也會非常快。常常這些具有『雙暴發運』的人跟我說，還沒

真正享受做富翁的樂趣呢，錢財就快速不見了。這就是『火星、鈴星』

▼ 第六章　『暴發運風水』會吸引誰進住其中

造成『偏財運』的快速出現，與快速消失。

火貪格

『火貪格』就是命盤上有『火星和貪狼』同宮，或火星和貪狼在對宮相照的格局，稱之。這種現象在命盤中十二地宮皆會出現，前面所稱，在辰、戌、丑、未等宮，容易和『武曲、貪狼』一起出現。其他時候，例如在子、午、卯、酉等宮，容易和『紫微、貪狼』一起出現。或是在寅、申、巳、亥等宮，容易和『廉貞、貪狼』一起出現。

『火貪格』的暴發運、偏財運之大小，完全看『火星和貪狼』的旺度而定。『火星、貪狼』一起居廟的、居旺的，則暴發偏財運最大，例如在戌宮及午宮的『火貪格』。此兩星中，『火星』是促發偏財運的最

130

佳條件，如果『火星居旺、貪狼居平、居陷』，仍是能發得大又快一些。但如果『火星落陷』了，則就會發得小或發不起來。

鈴貪格

『鈴貪格』就是在命盤上有『鈴星和貪狼』同宮，或『鈴星和貪狼』在對宮相照的格局，稱之。這種現象也會在命盤中十二地宮皆會出現。前面所說的，在辰、戌、丑、未等宮，會和『武曲、貪狼』一起出現同宮或相照。其他時候也和火星一樣會在子、午、卯、酉等宮，會和『紫微、貪狼』同宮或相照，是一起出現的。或是在寅、申、巳、亥等宮和『廉貞、貪狼』同宮或相照，是一起出現的。

『鈴貪格』也和『火貪格』一樣，如果『鈴星和貪狼』同時居旺

位的話，能暴發極大的偏財運，其旺度甚至可超過『火貪格』，是超厲害的『偏財運格』。而如果貪狼不旺，居平或居陷，則要看鈴星的旺度來決定爆發得大小規格了，『鈴星和火星』一樣也是在寅、午、戌三宮為居廟。在申、子、辰三宮居陷。在卯、亥、未三宮居平。在巳、酉、丑三宮居旺。『鈴星居旺』『火貪格』時能促發偏財運，但也快發快滅，暴起暴落。『鈴貪格』比『火貪格』更易爆發，及爆發的更大。但也會比『火貪格』更古怪一些。

當人之本命格是『鈴貪格』和『火貪格』時，其人性急、話不多，如果話多，易是有『貪狼化祿』或『貪狼化忌』的人，有『貪狼化祿』的人，（易是喜和人哈拉、說些無聊的，討好人的話語之人。有『貪狼化忌』的人，則易勞叨些不高興的事，讓人討厭，其人的偏財運也易有古怪現象，不是不發或有刑傷剋害的事連帶在偏財運中。例如車

暴發運風水圖鑑

禍或受傷接受賠償之內。）

火、鈴皆為煞星，『火貪格』、『鈴貪格』雖為『暴發運格』，『暴發運格』會為人帶來財富，但有這些格局在命格或命盤上時，其人生也必有不美之處。

要看『火貪』、『鈴貪』在那些宮位形成的了。在夫、官形成，事業會暴起暴落，家庭不美，易離婚，最後孤寡。在子、田二宮，子息少或無。家無恆產，或是曾經有，但會消失不存。

其實，放下『火貪格』、『鈴貪格』不論，在命理上，只要有『火星或鈴星』出現在命宮、遷移宮、福德宮、財帛宮、官祿宮的人，都要小心有精神躁鬱病症的狀況。由以『火、鈴』在『命、福、遷』三宮為最嚴重。

第六章 『暴發運風水』會吸引誰進住其中

燥鬱症常常出現偏執狂和過度興奮或過度情緒低落，情緒好壞反

133

差很大的狀況。發作時會歇斯底里，做出可怕的事，但時間點轉移，移動，過了一陣子，其人又會恢復正常。有時也完全不記得原先歇斯底里的狀況。

有一對父母帶著讀國中的兒子來算命，因為兒子時常情緒激動時，會三、四天不睡覺，會整天日以繼夜的上網聊天或上網買東西十分可怕。一下子就訂了上萬元的電腦器材，讓生活規律又節儉的父母大感吃不消，雖也帶至醫院精神科去看過病了，證明是躁鬱症，但這對父母仍想找出原因，為何兒子會突然變了一個人似的。**這位國中生是『廉貪、火星』在巳宮坐命的人**，本命是暴發格，本命火旺。平常時還好，言行很正常，也非常懂得節省，又會存錢，但發作的時候，會吵著要買這買那，父母不許，就會吵翻天了，像變了一個人似的，我也認為當他發作時是根本無法自我控制的。

另有一位有『火星、天空、天相』在丑宮為福德宮的中年女士，也已躁鬱症十分嚴重了，清醒的時候少，已無法工作，需要家人照顧，但配偶已以精神病為由，申請離婚。由其姐妹常探望照顧。

台灣地處亞熱帶，會出生這種命格中火多，及又有火、鈴在命、財、官、遷、福等宮的人，實際上比例是很大的。倘若是在西方國家，或較北方、較冷，方位屬於金水系統（西方或北方）出生的人，要時間上巧合，如生於夏季及時辰上碰到，才會生到命格中有火、鈴的人，自然是命格中有某種刑剋，才會成為性格如此的人。

命格或命格中有火、鈴的人，性格急躁、火爆，但十分聰明，喜歡流行時髦的事物，也特別對科學事物感興趣，喜愛手機和電腦資訊等高科技的東西。就像彰化二水的洪若潭要設計自己與一家人消失，會去購買焚化爐，並研究試驗其構造，直到十分完美成功達成自己目的為

止。

例如搞軌案的李雙全要謀財害命，也利用須有專業技術的方式，去拆鐵軌的鉚釘，來設計火車出軌，這是常人不太會用這些心思的。

又例如希特勒最風光，衣錦還鄉，及屠殺猶太人最厲害的時候，是一九三六年、一九三七年、一九三八年左右，也就是丙子年、丁丑年、戊寅年之際。

因此你也可看到這些人瘋狂到要自取滅亡時，也差不多在夏天和火多之時。譬如說洪若潭在二○○二年（壬午年）九月（庚戌月）午戌會火局時的地支來做案。李雙全在六月二十一日（農曆五月）做案，隔不久便自殺。

希特勒在一九四三年四月三十日自殺身亡。是故，這些具有火、鈴在命宮，或命格之中的人，會具有怪異或殘暴的行徑，但也會在火旺

暴發運風水圖鑑

前面說的是命格帶火、鈴或命格火多的人，其精神狀態異於常人，非但如此，這些人會選擇的住所，或裝飾、佈置自己的住所，也會有很多怪異的形狀圖形或形象。例如山形、尖角上突的大門或房屋四周有尖銳物：電線桿、瘦高的煙囪，或屋頂上有紅色三角形的圖案，或如尖刀插在圍牆上，像希特勒的納粹總部，或他辦公大樓會掛一排長形垂吊下來的鮮紅旗幟，旗幟上有宛如鐮刀般的『卍』萬字圖案。這就是他們需要火形又尖銳的東西來振奮他們的感官，讓他們有興奮感，才能完成他們自以為是的目標。因此『暴發運風水』格局也會緊緊的跟隨他們，一刻也不分開或者可說是冥冥之中，他們這種命格的人就是會選擇及尋找到這種住住地來居住的，亦者或說，那些『暴發運風水』早就悄悄的在等候他們進住了。

第六章　『暴發運風水』會吸引誰進住其中

的時刻，及如火苗般的燃燒殆盡，為生命劃下終止符。

何種人會受吸引進住於『暴發運風水』之中

據我多年觀察，一般地形是『火貪格』或『鈴貪格』的『暴發運風水』格局，最容易吸引命格中火多，或是本身具有『火貪格』或『鈴貪格』暴發運（偏財運）的人，會受這種人和地氣，以及時間點上的吸引及融合，是人數和事件最多的。佔整個受到偏財運風水影響的人中的三分之二。

這其中又有些狀況：就是命、遷、財、福、官等宮有火星或鈴星，而命盤格式中有『武貪格』，其人會因『武貪格』而發，天生也具有極強的爆發力，但此類人仍會居住或生活在火形的環境之中。這是因為命、遷、財、福等宮有火、鈴的關係使然的。倘若此人的喜用神要『金水』來到，其人的元神會受到傷剋，雖住於火形的偏財運風水之

中，就會有傷災、病痛，或一大堆不吉之事，或不行正道，生活也不會順利的。

這種有傷剋的『暴發運』命格，由八字中亦可看得出來

常常八字中只有一個偏財運出現時，在紫微命盤上雖能形成『偏財運格』，但常帶化忌、羊陀、劫空，因此常不發，要等待『用神得用』時才會發，但也多半用神不得地、不得時，也多半發不了。

※**用神不得地：** 指的是大運走不到用神的方位。例如用神需水而其人一生大運，行的是火土運，故用神不得地，一生易不順，窮困，及身體有病痛，多腎病、眼目之疾。相反的，用神需火的人，一生多走金水運，也是用神不得地。

▼暴發運風水圖鑑

※用神不得時：指的是流年逢到相剋的年。例如前面用神需水的人，流年恰逢火年、土年，因此欠水很凶，易有災病、血光，因此不吉。反過來，命中欠火，用神需火的人，逢水年，亦是用神不得時。

這種本身命格中之『偏財運格』有瑕疵或不完整，或是暴發力不夠強的人，也常會選擇到古怪、有傷剋的『暴發運風水』格局之中，那就會發生一連串古怪的事了。如果其人本性還善良，還膽小，平常還只是小試驗偏財運，貪心也不太大的人，其人所遭致的麻煩還小，只不過小傷災、小車禍、小病災、被騙、失財，生生氣自認倒霉罷了。如果貪念大，想弄個幾百萬、幾千萬來花花的人，如李雙全之流，就難免謀財害命，最後以自己的性命賠上了，這種有傷剋的偏財格命格的人，即使住在『暴發運風水』之上，也住不到好的格局之上，因為好的磁場會吸引好的人來居住，壞的磁場會吸引壞的人來居住之故。

140

就像士林那家開出二次中頭獎的飛來發彩券行，其老闆也必有

『偏財運格』，才會在那裡開得下去。這個老闆為何自己沒中大獎呢？

我想其一是此老闆很可能是能助他人中獎的命格，或是時候沒到。中獎

要大運、流年、流月、流日、流時，三個條件三重逢合才會中大獎，也

就是天時、地利、人和才能中獎。因此地點是『暴發運風水』格局，老

闆的命和運也要和中獎的時間點是天運相合，老闆才能自己中獎。

倘若其他的人想要取而代之，在其地點上開彩券行，其實也不一

定能做得下去，很可能很快便倒店、換做別行生意了。即使再來一個具

有『偏財運格』的老闆亦是做不長，因為這又牽涉到前面用神得不得

地，是否得時等眾多問題了。

第六章 『暴發運風水』會吸引誰進住其中

本身具有偏財運格的人，會在冥冥之中進住屬於自己的『暴發運風水』格局之中

本身具有偏財運格的人，因為他們的出生時間，就是能以『命運產生巧合』的時間。所以他們本身會具有特殊的敏感力，就會選擇和自己磁場相應合的『暴發運風水』格局來居住了。倘若環境不對，他也會在那裡生活不下去。

例如美國甘迺迪總統，他本身有『火貪格』，所住的宅院是火形三角形的暴發運風水格局，這因為其父老甘迺迪也是命格中有『偏財運、暴發運』，這是他所選擇的宅第，而甘迺迪幼年在此生活就很舒適，而能進一步達到總統之位，中途並無他遷。

又例如毛澤東本命是『鈴貪格』，住在『韶山沖』，這是『武貪

格』之偏財運風水，命格和風水格局雖都屬於偏財格，但格局並不一

樣，仍會有某些衝突，因此後來他會到陝西延安，那裡的窯洞是黃土高

原的產物，具有火紅的顏色，對於他是『鈴貪格』的人，以及他的用神

為丙火的人來說，就是『用神得用』了。

像是希特勒本身命格是『武貪格』偏財運格的人，其人幼年就住

在長形『武貪格』『暴發運風水』格局之中，終其一生，大多數的時

間，他都住在狹長形的『武貪格』風水格局之中，就連他最後和情婦一

同自殺的防空洞亦是此種風水格局。

所以我常說：本身具有『偏財運格』的人不用怕！時候到了，你

自然會走到符合你爆發偏財運的『暴發運風水』格局之中去了。

但是怕的是：你本身的偏財運有瑕疵，格局不佳，自然你也不會

有那個腦袋和敏感力去順應時間上的爆發點，更無法找到屬於高層次的

『暴發運風水』格局了。

▽　第六章　『暴發運風水』會吸引誰進住其中

143

沒有『偏財運』的人，住在『暴發運風水』中又是有何狀況呢？

沒有偏財運的人，就是應該以『正財』為主的人。也是應該以腳踏實地、勤勞節儉、一分耕耘、一分收穫，實事求是過生活的人。你的人生中波瀾小，最好也儘量別找麻煩！如果你是這樣的人，不小心又隨同親人或朋友住進了『暴發運風水』之中，這多半是陰錯陽差的結果，你看見別人發了（兄弟或朋友發了），有時會心中不是滋味，因此也想自己來搞一點事情發發看，但你會非但沒發卻而招來災難，通常待在有『暴發運格』的人的旁邊的人，多半不具有『偏財運』，他們也很難瞭解這些有偏財運和暴發運的人心裡到底在想些什麼怪東西？因此會胡亂揣摩，也不得其一、二。反而想學他們學的四不像而招災。**例如美國甘**

144

暴發運風水圖鑑

酒迪總統的小弟愛德華‧甘酒迪，就是沒有偏財運的人，他也住在其家中具『暴發運風水』的宅院上，但學其兄想在政治界發展，偏偏沒那個運氣，後來和秘書出遊，導致秘書死亡而斷送前途。

這就是說：**本身沒有偏財運的人**，就要認命，即使你也有幸居住在『暴發運風水』之中，也不能妄想亂搞來得到大財富或大權貴。

通常『暴發運風水』就是會用地氣來促發人的貪念和強勢的向上意志，以及旺盛的鬥志和鬥爭的心。人生多半貪的是富貴權勢，『暴發運風水』就是會促發人對這些富貴權勢的貪念膨脹、爆發。

如果本身有『偏財運』的人，受到此種刺激能成就常人所無法做到之事，而得到大富貴、權勢，而本身沒有偏財運的人，或偏財運有瑕疵、傷剋的人，就會製造災難或害人，但也未必真能完全享用到『偏財運』帶來的美味果實。

▽ 第六章　『暴發運風水』會吸引誰進住其中

145

第二節 『暴發運風水』與幼年關係

從前面許多例子、事證中，我們看到介紹甘迺迪總統的生長地方，看到希特勒的出生地，以及毛澤東的故鄉地勢等這許多名人的童年生長的地方，你會奇怪：難道一個人的出生成長的地方有那麼重要嗎？

答案是肯定的，而且是當然如此的！在精確的命理學上，是要連你出生落地的經緯度和時間都要精確的算進去的，這表示出生地是很重要的！同時這也是時間和空間、物質（或物體〔指人體存在〕）同時存在於同一個時間點與空間點的時候，也就是三者交錯於一點的時候，這是哲學方面的問題。我們常常把人的精神面和時間、空間去做一個結

合，稱為『性靈合一』。其實人的出生和存在，才真正是天、地、人三者合一的時候。

人的出生和時空有關

『暴發運風水』是空間裡特殊的一環。人的幼年自然和出生地有血緣與臍帶關係。這些天生具有『偏財格』的人，又在出生時間上得天獨厚的佔有優勢。實際他們本能的會選擇或引導父母把他們生在該生的地方，或遷移到該住的地方。從而形成為他們製造自己即將爆發的能量磁場。

遷至到現今我們所知的住所。而希特勒的父母也在他七、八歲時遷居至利歐丁地區（Leonding）。這些遷動的結果，也是一種儀式，以完成使『偏財運格』的人能確實實現後面要爆發的事。因為前面的住宅很可能是無『暴發運風水』的，無爆發力的，因此會在因緣際會下，一定要遷入『暴發運風水』格局之中。

例如：甘迺迪的父親在甘迺迪三歲時將全家

▼ 第六章　『暴發運風水』格局　『暴發運風水』會吸引誰進住其中

我要說：在這些遷居移動之中，某些人是知道自己要遷入何種住宅環境之中，某些人是根本不知道自己該住什麼樣的房子的。**例如甘酒迪的父親就知道遷入『暴發運風水』格局之中**，因為他自己本身也有『偏財運格』。因此他會瞭解如何選擇住宅是有利家族發展，能爆發『暴發運』的風水格局的。像希特勒的父親是因工作關係，不得不隨著命運啟動和遷移而搬進具有『暴發運風水』格局之中的。當然！這也造就了未來希特勒的發展。

　　至於毛澤東先生的出生地韶山沖，『沖』都是屬於『武貪格』的地形。『沖』多半是兩山間，帶河流的縱谷，有高大松柏類的植物，形成深綠、墨綠覆蓋的地形，因此屬於『武貪格』偏財運格。如果土質為紅色的話，則為『武火貪格』或『武鈴貪格』的『雙暴發格』的『暴發運風水』了，暴發時間較快一點，暴發力也較大，如果此地再有『偏財運

暴發運風水圖鑑

格』特優的人出生，便能成為萬世豪傑了。但『冲』是面積狹窄呈長條狀的地形，彷彿受時空擠壓而石破天驚爆裂開來的天運，因此在『冲』的地方，五百年來才一人能有『暴發運』而成功。並且這個具有『暴發運』（偏財運）而成功的人，必會打破傳統封建或說是離經叛道之人。

有人說毛澤東祖父的墓葬之地為『丟龍寶局』，墳墓的位置太高了，應該在該龍穴再下來低一點的位置，在山腳下墓，就會有後代子孫接續繼承大統了。其實萬般皆是命！在他出生的時候就已經註定他會一生動盪不安、善於爭鬥，但他的子女確和他是不一樣的人，也能體諒他，故不會摻合到他的革命事業中，自然也不會繼承大統了。

通常有『**偏財運格**』的人，一出生便會出生在『暴發運風水』的格局之中，**如世界名人偶像的李小龍**，出生在美國三藩市的中國人開的東華醫院，此醫院所在地也是『暴發運風水』格局，此格局是由傑克森

149

街和 Columbus Aue，以及 Powell street 三條街所組成的三角形的『暴發

運風水』格局。

李小龍出生之三藩市東華醫院

一出生便出生在『暴發運風水』格局之中，當然有助於他日後的發展與成名的快速爆發。像毛澤東也可說是一出生就出生在『暴發運格局』之中的。而美國甘迺迪總統及希特勒則在幼年搬過家，是再遷進『暴發運風水』格局之中。雖然這些具有『偏財運』及『暴發運』的人，最終是會離開家到外地去奔波打拚，開創屬於他們的一世功業，但出生地及幼年住處的『暴發運風水』仍像臍帶相連一樣，全力支援他們未來要爆發旺運的磁場能量。

第六章　『暴發運風水』會吸引誰進住其中

三分鐘會算命

紫微格局看理財

紫微格局論健康

賺錢智慧王

法雲居士⊙著

偏財運會創造人生的奇蹟，人人都會賺錢，每個人求財的方法都不一樣，但是有的人會生財致富，有的人會愈做愈窮，到底有什麼竅門才是輕鬆致富的好撇步呢？

這本『賺錢智慧王』便是以斗數精華，向你解盤的最佳賺錢智慧了。

有人說：什麼人賺什麼錢！這可不一定！

只要你得知賺錢的秘笈，也一樣能輕鬆增加財富，了解個人股票、期貨操作、殺進殺出的好時機、賺錢風水的擺置、房地產增多的訣竅、以及偏財運增旺的法寶、薪水族以少積多的生財法。

『賺錢智慧王』教你輕鬆獲得成功與財富。

第七章

『暴發運風水』的流年運

�֎ ✿ ✿ ✿ ✿
『暴發運風水』的流年運有分陰陽、起始。會分形成期、靜止期、連發期。通常以八十年為一個循環週期。

『暴發運風水』論陰陽

『暴發運風水』的旺運周期，其實和火山爆發的周期很像，因此要論其形成期、靜止期、連發期，通常暴發運風水以八十年為一個循環周期。八十年為陽，下一個八十年則為陰，再下一個八十年為陽。以此周而復始，當該暴發運風水屬陽的八十年的時候才會發，能蘊孕出偉人或大財主出來。當該暴發運風水之地為屬陰的八十年時，該地為靜伏休養狀態，即使再多的具有偏財運格的人在此誕生或居住，也不會發。事實上，正在休養生息的偏財運寶地，在當時是怎麼也不寶了，而且運氣下沈很糟。縱然有偏財運格的人居住於此或路過於此，都感覺鬱悶，恨不得趕快離開跑掉。但如果該地漸漸轉陽，至屬陽的八十年時的開頭幾年時，就會慢慢聚集或誕生的『偏財運格』的人。

『暴發運風水』論起始

暴發運風水要論其開始起算大運的時間，就要推論或檢查其地開發的年代，再由其年代慢慢研究其興盛及衰落起伏的波動圖，即可研究出該地的陰陽大運時期了，這是大型『暴發運』地理環境研究方法。倘若是小形的『暴發運格局』，例如是你家附近，由幾條巷弄、鐵路或公路圍起來的『暴發運風水』，則以公路、鐵路、巷道築成、圍起來之年月為其起始點先陽後陰來算爆發大運，也就是先走八十年陽運（爆發運），再走八十年陰運（靜伏運），再走八十年陽運。但如果該『暴發運風水』地處山陰（在山的背面，不面向陽光、較陰），或地處濕冷之地會先走陰運八十年，再走陽運，這是反過來的。

大型的『暴發運風水』比較好認，也容易發。小型的『暴發運風

水』常有破格及不發狀況，或是組成太勉強，太人為造作，以致發不起來。

另一方面也可以說：

大的『暴發運風水』格局，是鬼斧天成，是平地龍的龍穴之地，是大自然的寶藏之地，也是天時、地利、人運，三度空間集旺運於一點的寶地，因此風雲際會，一定會激發火花，創造出驚人之財富或人物出來的。

例如：毛澤東生於西元一八九三年之韶山冲，

十九歲離鄉讀書再無回故鄉。韶山冲只出了毛澤東一位名人。因此用他的出生年歲來算韶山冲爆發的時間，因毛澤東本命為『暴發格』（偏財格）。以毛澤東離鄉的年齡為韶山冲運氣轉陰，靜伏轉壞的開始，加靜伏期八十年，因此韶山冲再度運氣轉陽，開始進入爆發期是一九九二年的時候，時至現今二〇〇六、二〇〇七、二〇〇八年已熱鬧異常，街市生意熱絡，觀光客穿流

不息，來遊覽觀看毛主席的故居，其子孫所開設之『毛家飯館』也在故居前當仁不讓的領受這『暴發運風水』的旺氣，只是這飯館的主人最好自己也要有『偏財運格』，才會發得大、和承受得住財。**另外，希特勒**

的老家布勞瑙（Braunau am Inn），最近也再度甦醒了，因為觀光客的日益增加，有人建議在布勞瑙為這位納粹魔頭建紀念碑，而遭世人共同遣責攻伐。其實二次大戰結束以來，仍是有許多人對這位魔頭有崇拜之情。布勞瑙是奧地利西部的小鎮，萊茵河從西邊流過，美麗純樸，**希特勒九歲西元一八九八年隨父親遷到利歐丁地區**（Lodning），用這個時間來算，再加上八十年的靜伏時期，布勞瑙在一九七八年便又進入轉陽的運氣了，事實上，這二十多年來拜訪希特勒故居的人潮一直沒斷過，這可能亦可替布勞瑙創造另一個風潮，或再培植另一個名人吧！但希望這塊甦醒的偏財運風水寶地，不要再出現或出生殘暴的魔頭了！

▼

第七章　『暴發運風水』的流年運

對你有影響的

權、祿、科

法雲居士⊙著

在每一人的生命歷程中，都會有能掌握一些事情的力量，對某些事情能圓融處理的力量。又有某些事情是使你頭痛，或阻礙你、磕絆你的痛腳。這些問題全來自出生年份所形成的**化權、化祿、化科、化忌**的四化的影響。『權、祿、科』是對人有利的，能促進人生進步、和諧、是能創造富貴的格局。『權、祿、科』的配置好壞就是能決定人生加分、減分的重要關鍵所在。

星曜特質系列書包括：

『羊陀火鈴』、『十干化忌』、『殺、破、狼』上下冊、『權、祿、科』、『天空地劫』、『昌曲左右』、『紫、廉、武』、『府相同梁』上下冊、『日月機巨』、『身宮和命主、身主』。此套書是法雲居士對學習紫微斗數者常忽略或弄不清星曜特質，常對自己的命格有過高的期望或過於看輕的解釋，這兩種現象都是不好的算命方式。因此以這套書來提供大家參考與印證。

第八章

『暴發運風水』也有壞運過程

❀❀❀❀❀

　　『暴發運風水』的壞運周期，通常是運氣低落的周期或靜止期，此時的『暴發運風水』也會是溫度最低的時候。

暴發運風水圖鑑

第八章 『暴發運風水』也有壞運過程

所謂『暴發運風水』中的運程，當然所指的就是『暴發運風水』轉入陰性八十年的靜伏期的運程。所有的『運氣』都是漸漸變化至最高處或至最低處的。運氣運行的曲線皆是呈弧度而行的。運氣由低處向高處走，是旺運（屬陽的運氣），先漸漸走向高處到達的一個頂點，於是運氣就會漸漸下滑，又漸漸至水平線，而衰運（屬陰的運氣）漸漸向下滑，到達一個低點，就會漸漸抬頭，慢慢升上水平線了。人的運氣

▼ 第八章 『暴發運風水』也有壞運過程

暴發運風水圖鑑

有時也會起起伏伏、上上下下。『暴發運風水』也是如此的。有時你未必抓得準你所處的『暴發運風水』格局正是走『屬陽』的運氣或是走『屬陰』的運氣,也就是說你暫時沒辦法確定該風水是好是壞,於是你就須要做一些試驗了。用感覺來測定、或用溫度也可以測定。

頂點

運旺

運衰

陰陽

如何檢查『暴發運風水』運氣是陽是陰

通常走旺運的風水格局中，走進此地或屋內，會有祥和、愉快、興奮的感覺。尤其是具有『暴發運風水』的地段和房屋，是會讓人十分振奮和興奮的。同時它也是有些熱鬧和吵雜的，會讓人有莫名的快樂與積極的感覺。會想好好工作、上進，或好好賺錢，人生是積極面的。

80年　　80年　　80年

倘若該地段或該地層是衰地或運氣不佳的地方，人進入此地界時，有時會有莫名的悲傷或不愉快的感覺，如果你跟你的家人常一回家就愛吵架、不合，也代表這房子運氣不好。

所有有鬼的房子，都是『退運屬陰』的房子，因為鬼屋就是陰宅，是因為陰氣重，才會招鬼進住。在墳墓旁的房子，也會帶陰，會衰運拖很久、很難變回陽氣，即使在年運上已進入陽氣的八十年之中，仍是要死不活，沒有人氣。

有一位命格中有『偏財運格』的朋友，其命宮有陰煞。每一回爆發得到大財就買房子算是投資。他喜歡買舊房子，也許預算沒那麼多，或嫌新房子太貴。但每次買到的房子都鬧鬼。有時租給親戚、有時租給外人，都說住在其中曾看到鬼，因而租不出去，故而房子最後就便宜賣掉，讓他很嘔，因為買房子時他還是有拿其他的錢賠在裡面的。

陰宅、帶血光或出事的房子，不可能為『暴發運風水』

從來也沒聽說過：住在深山，人煙稀少的地方，或病入膏肓的人，能中到彩券或大獎，而一步登天、擁有大富貴的。因此運氣的運行，也一定像水到渠來，具有彎轉的弧度線而轉強。也因此，好的『偏財運』風水格局絕對不會在墳墓堆旁、醫院旁，或破舊、漏的、破敗或

在『命宮、遷移宮、財帛宮、福德宮、官祿宮、夫妻宮』等有陰煞的人，最要小心！你很容易和鬼心靈相通，然後鬼借由你的眼睛找房子，找它適合居住的房子，因此就一塊住進去了。因此縱然你有『暴發運』、『偏財運』，發的也不會大，或根本不發，因為一直和鬼一起走屬陰的運程，運氣低沈，每下愈況了。

第八章　『暴發運風水』也有壞運過程

出過事的建築之中。新的建築，因為太新、沒有人氣，也不可能馬上為人帶來好運、旺運，至少要十年以上的房子才能為人帶來旺運。

或者說你看準了周圍是『暴發運風水』格局的三角形地形，或是長條型的武貪格地形，你本身又具有火貪或鈴貪，或武貪格的話，你可先買好此地房子住進去，待機而發，和房子和地氣一起等待蘊釀最大暴發運、偏財運的機會。

有一位以前常演「兄弟」，近來已改邪歸正演好人的藝人說：「以前他在敦化南路一帶，住到一個『暴發運風水』的房子，讓他大發賺了很多錢。夜間在房子裡偶而可看到一團絨絨的東西跑來跑去，他想一定是這個精靈在保佑他發財。」事實上，這讓人連想到狐狸精或黃鼠狼等的怪異傳說。而房子中有暗藏的鬼怪之物，皆屬有陰煞的房子，是絕不會給人帶來旺運和財運的，所以我想這位藝人只是附庸神鬼之說，是本

身具有『偏財運格』，又住於小的『暴發運風水』之中吧！其人會在衰運時，搬離『暴發運風水』寶地，『暴發運風水』格局的地方，其實也是很現實的地方。如果其人本身的『暴發運』退運，已行至衰運期，例如『紫微在巳』、『紫微在亥』命盤格式的人，在丑未年暴發，在卯、酉年走『廉破運』或『天相陷落』的運氣時，即為衰運，會破財、破運，這時你也待不下、待不住在『暴發運風水』之中了，一定會找機會離開，否則住著更難受。

　　因為人的『暴發運』本質就會暴起暴落，而人的『暴發運』運程時間和地氣風水的『暴發運』不一樣。人的『暴發運』運氣大致在『暴發』後兩、三年之間會暴落。而『暴發運風水』格局的旺運，會在八十年中，由弱轉強至最頂端，再慢慢趨緩下降、轉弱。八十年一到便轉入衰運期靜伏了。因此人走運的時間快，暴落的時間也快。地氣較慢，但

169

地氣會排斥和它不一樣的氣蘊。例如『暴發運風水』最旺的地方，衰運的人也待不住，想逃離。而陰地、衰地，有旺運或偏財運正旺的人也不想待在那裡，也會逃離開來。

台灣有樂透彩開獎之後，常聽說有人到墓仔埔去找明牌而中獎的，其實這些都是沒有文化的無稽之談，前面都說過了，陰的東西不會發運，只會帶來壞運。只有陽的東西才會發運。會中獎完全是因其人有偏財運格，再加上天干、地支時間對了而中獎的，絕不是邪鬼幫忙的，說不定那些聚集賭徒的墓仔埔早就魂去墓空了，他們只有自己嚇自己來製造故事而已。

170

如何躲避『暴發運風水』中的壞運程

　　『暴發運風水』格局中的壞運程，就是該風水格局轉陰的八十年運程。其實講『暴發運風水』的旺運、衰運都很好認，地方漸蕭條或破敗了，或戰火連連，或盜匪四起、災禍連連，皆是『暴發運風水』中轉壞的運程。

　　例如南亞海嘯，把許多南海中的渡假島嶼吞噬，而這許多南亞海中的島嶼雖地處海中皆是『暴發運風水』格局。有南亞海嘯的出現，即意味著要進入靜伏期及衰運期了。又例如二○一一年三月十一日，日本東北大地震的海嘯。也意味著該地區還要進入靜伏期及衰運期了。因為地球地殼的變化，和氣候的變化，誰也無法預估下一次的海嘯災難在何時發生。所以要躲避災難，只有不去易發生災難、橫禍的地方。而要躲

第八章　『暴發運風水』也有壞運過程

避『暴發運風水』中的壞運程，其實最簡單的方法就是先預估該壞運程在何時到來，在那之前便先行離開躲避，就是最好的方法了。

事實上，人和動物都有預知災禍的本能，人也有預知好運的本能。而具有『偏財運格』的人，這方面的先知潛能更敏感，超乎常人。常常可預知衰運或預知不吉而先行離開。那些容易遭災的人，常是敏感力不足，或是氣數將盡的人。具有『偏財運格』的人也會是意志力強及生命力強的人，就算歷盡辛苦也會撐下去，向旺運處邁進。更會當機立斷、立刻放棄衰運處的殘餘利益，而至旺運處重新開始打拚，並能快速的獲得成就。所以，**要躲避『暴發運風水』中的壞運程最簡單的方法就是『離開』，再重新尋覓合適自己的『暴發運風水』了。**

第九章

正財主命與『暴發運風水』不搭調

✿✿✿✿✿

正財命格的人進入『暴發運風水』之中，會逢冲剋。有些人逢冲不怕。有些人會逢冲而遭剋而有災。

第九章　『暴發運風水』不搭調

　　所謂『正財命格』的人有三種狀況，一種即是在其命理格局中是完全沒有『偏財命格』的人。第二種是在其命格中以正財較多、較重，以正財為主，偏財較小，會發得小或不一定發。第三種是有『偏財運格』但為破格，不一定會發。例如壬年生有『武曲化忌』，或有『偏財運格』但為破格，不一定會發。例如壬年生有『貪狼化忌』同宮，或有天空、地劫、羊陀等同宮，以致於不會爆發，或發了有災難相隨，不能讓其爆發的狀況。

▽　第九章　正財主命與『暴發運風水』不搭調

所以要讓其人以正財正路為主，好好上班努力工作，最好別東想西想，以防走邪路發偏財，害人害己。

通常有『正財』命格的人， 命理老師都會勸他們以本身的正財為主了，不要再打『偏財運』的歪主意！但是這些本命是正財的人之中，很多人仍喜歡碰碰『偏財運』或是想辦法靠近『偏財運』，覺得這是一塊奧秘的地方，很喜歡探索一下，總是想：說不一定會有意外的機會發些財呢！

另外還有些正財命格的人， 也可能並未對『偏財運』有多動心，但是和家人一同住進了『暴發運風水』格局之中，眼看著家人中有大富貴了起來，也看到家族興旺了起來，當然自己也夢想有一些偏財運，也能為家人出力或功成名就一番來揚眉吐氣一下。

就像美國甘迺迪總統的弟弟愛德華甘迺迪就沒有『偏財運格』， 屬

於正財命格的人，雖然也同居住在『偏財運風水』上，但並沒能創造大功業。

又例如希特勒的兄弟姐妹也和他幼年一起長大，也同樣住在其『暴發運風水』格局之中，也沒能出頭。

另外，像藝人張學友是具有『偏財運命格』的人，以及藝人歌手張惠妹都是具有『偏財運命格』的人，他們的兄弟姐妹和他們一起長大、生活環境相同，住處同在一起，但成就也都不如他們。張學友的哥哥甚至頹廢走上邪路，說是因為弟弟名氣太大，壓力太大之故。其實仍是『暴發運風水』作弄人，以致『正財命格』的人貪心不足，又無能為力。

所以說：『偏財運格』是屬於那一個人的命理格局。並不是可借給別人，或是可給別人沾沾光的。別人最多跟著已發富的人，改善一下生

第九章　正財主命與『暴發運風水』不搭調

▼ 暴發運風水圖鑑

活，跟著吃點好吃的、穿點好的，但沒辦法攖取別人的機會和成就。

沒辦法借運氣過來讓自己發達，也會具有『偏財運格』，是出生時間的問題，是時間生的好，恰巧在時間點上，因此能組成『偏財運』的格局。

具有『偏財運格』的人也容易住進『暴發運風水』格局之中，這是無庸置疑的事。但其家人中有『正財命格』的人也容易跟隨其人誤打誤撞的住進『暴發運風水』格局之中。倘若你就是這『正財命格』的家人，而家人中又有『偏財運格』的人，看著別人爆發，雖同為家人或兄弟、親人，但有時你仍會不是滋味。這時你要如何運用這個『暴發運風水』來助旺自己，對自己有利呢？

如何掌握婚姻運

生辰八字一把罩

『正財命格』的人如何使用『暴發運風水』

首先，你可以確定兩件事情：第一件事是你可觀察你家周邊地形、巷道、街道，以及屋形，確定你是住在『暴發運風水』格局之中，並觀察此區旺盛繁榮的程度，以確定氣理屬陰還是屬陽？屬陰的話，暫時不會發，屬陽的才會發。屬陰的是人口稀少、不熱鬧的景象。屬陽的人口茂盛、很熱鬧，有一些鬧中取靜的住宅，仍是會發的。

多年前，我住在靠近關渡的一條幹道大街旁的住宅，閒暇散步時，發覺那裡是一個『暴發運』格局的風水之地。剛遷入時，周圍環境很冷清、人煙少。從我住下半年後開始漸漸熱鬧，但是大路旁多公地或捷運用地，因此繁榮得也很有限，後來我搬離此地，才覺得運氣上升的速度加快。這也是說，雖也為『暴發運風水』，但要看發的快慢，如果

179

發得慢，也不能算是好的『暴發運風水』，對人來說，會根本感覺不到有利益出現的。

第二件要做的事：是要確定家中是那一個人有暴發運？而且暴發年月要算出來。如果是小孩有偏財運，必須是『火貪格』、『鈴貪格』才易在年輕時就發，如果是『武貪格』偏財運格，會在三十歲以後才發，最多的狀況是在三十五歲才發的，如張學友就是。若像張惠妹在二十歲就暴發偏財運的人，一定會有火星或鈴星的關係才會早發。如果命格中只有火星或鈴星的單星，有時也會小發一下偏財運，但發的不大，也不能算做是『偏財運』格。**例如我的親戚中有人的財帛宮為『火星獨坐』**，常在錢財上有好運，偶而有意外之財進，其人是家庭主婦，喜簽大家樂，有一次簽得幾十萬元，但常常摃龜，因為她常懷念那次中大獎的經驗。其實要逢到火年的年月日時，才會中大獎，搞不清楚的人，自

然會賠得比賺的多了。

所以火星、鈴星要形成『偏財運格』，才是有用的，否則仍會常鬧

窮，一有錢就花掉了，絲毫無法嚐到有錢的快樂。

當上述兩件事你都確定後，你就要開始做一些計劃了！

和有『偏財運格』的人聯手發財

第一、你必須具備一些理財能力與存錢本領，才能成為你家裡那

位具有『暴發運』的人的良好助手與助力。

通常具有偏財運的人，都不會理財和存錢，當『偏財運』暴發

時，錢財幾百萬、幾千萬的湧進，但沒一、兩年，慢的兩、三年就花光

殆盡，形成暴起暴落的自然現象。偏財運格是『武貪格』的人還好，其

暴發是經由工作、事業上的暴發，稍為慢一點，但也會在卯、酉年或丑、未年暴落。偏財運格是『火貪格』的人，暴發快，暴落更快。而且因為是『火貪格』、『鈴貪格』的關係，其人本命中火多，如果『火貪格』、『鈴貪格』又在『命、財、官』或『夫、遷、福』等宮位，這些直接影響人生命運或心靈智慧的架構上，實際上其人易有精神亢奮及精神疾病、躁鬱症的問題，凡事會剛愎自用，不聽家人勸告，好大喜功，『偏財運』暴發後，自以為了不起，自以為是皇帝或對家人頤指氣使，容易受外人騙或亂七八糟、無法無天的把錢花掉。你如果希望借由家人中有『偏財格』的人也能為你帶來一些財富，你就必須成為那個能為此人理財，並為他儲存財富的人。像很多年輕藝人的星媽一樣，處處為他打點，為他做一些雜事，自然跑銀行存錢的事，不會假手外人來做。財富增多，變得更鉅大時，你要能很安全的幫助他理財投資，使錢財不縮

水才行。

但是，通常具有『偏財運格』的人，都是意志力強，主見強，脾氣有些古怪，或暴躁，或是有怪癖，不會輕易相信別人的人。而且最恨別人對他不誠實，或覬覦他的錢財，縱然你是他的父母、配偶、兄弟姐妹、子女，如果在錢財上不清楚，他都會六親不認，把你換掉，錢財不給你管了。所以，你一定要讓他非常信任你，你才能靠他發財。

另外，當人運氣好，『偏財運』爆發時，有錢了，便會有許多人蜂湧而至，想提供給他理財賺錢的方法。當然！這其中不乏鼠盜詐騙邪佞之輩，你是否有能力來為他擋災，或阻擋這些想分一杯羹的人，有時候，這個『爆發財運』的人，也喜歡有人來巴結他，給他高帽戴，受到頂極尊貴的待遇，也會喜歡用自我意識來判斷接近他的人，或相信其他外人，令你氣結不已。因此你更要以良好的手腕與超強厲害的EQ（情

▼

第九章　正財主命與『暴發運風水』不搭調

緒管理）與公關手段來保障自己的地位，否則也是前功盡棄，就像許多星媽、星爸非常厲害，能控制出名的小星星，但是小孩子長大了，或是到了適婚年齡，就會被另一個人取代，這個功能，星爸、星媽只好退位了。

你如果只是這個已爆發『偏財運』的人的兄弟姐妹或朋友，你要更早一點做打算，為自己找到其他可賺正財的工作機會，以防這個暴發好運的朋友或兄弟姐妹離開你們之後，而無法再在『暴發運風水』上得到更多的財富。

通常，具有『偏財運格』的人，再居住於『暴發運風水』之上，再加上時間點的配合，是天、地、人直通在一條線上，時間就是天時，『暴發運風水』是地氣、地形，人是人和，三者俱備，『偏財運』自然會爆發，同時該人居住之地也會得氣而旺盛。

更同時，一同居留在『暴發運風水』之中的人也會得到令人振奮

向上的企圖心。如果你是具有『陽梁昌祿』格的人，你可以從讀書考上

著手，因為住在旺運地帶，也會激發你的考試運和讀書運或升官運。並

且，也還會經過這些考試運和升官運，使你得到或賺到更多的錢財。如

果你沒有『陽梁昌祿』格，或是雖具有『陽梁昌祿』格，但祿逢空劫，

或冲破，形成破格，但你仍可在此時（即是和爆發『偏財運』的人，共

同居住於『暴發運風水』上之時間），好好學習及上進，增加學歷。因

為人只有不斷讀書，增加知識和學歷，最容易改變你的環境和境遇。尤

其貧窮的人想翻身，沒有知識和學歷，是翻不了身的。普通人須要靠讀

書翻身，有『暴發運格』的人，若再讀書、學歷高，翻身更快，數年間

便可從吳下阿蒙，展翅高飛。如正好碰上偏財運之運程助力，立即能登

上萬萬人之上的高峰，事業和財富、地位都有了。因此你也不必再依賴

▼　第九章　正財主命與『暴發運風水』不搭調

185

驗事業會得力不少。很多人『暴發偏財運』後有錢了，便到其他地區買房子，重新建立住處，結果發現運氣一直下墜，一天不如一天，最後錢財敗盡。就是因為離開自己旺運地區（『暴發運風水』）太遠了，又適逢暴發偏財運退運以後，運氣會漸漸緩慢的消退。如果繼續待在暴發地居住，會退運退得慢一點，如果馬上搬家，離開『暴發運風水』地區，到另一個沒有『偏財運』的地區居住，自然退運很快，錢財、事業運也消失得很快了。

有的人會說：那我再找一個『暴發運風水』地區搬進去住呀！其實沒那麼簡單！人要爆發『偏財運』來得大財大利，需要天、地、人三者合一的正確時間，也就是時間（年、月、日、時）和人氣、地氣一起結合才會暴發的。就算你再找到一塊暴發運風水寶地，它的地氣是否和你相合，時間點已過了，要再等下一次的『暴發運』，最快需六年以

第九章　正財主命與『暴發運風水』不搭調

後，因此你要經營這塊新的『暴發運風水』還要一段時間才發，更何況你是否能算準這塊新的『暴發運風水』寶地是否正走屬陽的旺運期還不一定能拿捏的準，因此暴發偏財運後立即換居住之地，自斷旺運氣勢是不智之舉。

很多人『暴發偏財運』時，正住在陋巷或破舊之屋舍之中，故有錢後立即換屋居住。但最好舊屋不要賣，若是承租的，要繼續承租至兩、三年之後，漸退運再退租。因為人和自己原來居住的，從那裡暴發偏財運的房子，有臍帶相連的關係。如果快速搬家，切斷臍帶，對自己的旺運不利，旺運會中途中斷。**原來所住的房子，有如你的元神所在！**若再有衰運的人進住去，你的元神即被污染了或被踐踏了，會讓你退運更快，這是十分不好的事，因此要多保留一段時間才好。

正財命格的人，沾『偏財運格』人的光，住在『暴發運風水』

上，也就是旺運之地上，從現實的觀點來說，也應該和『暴發偏財運』

的人共同來維持共同所居住的『暴發運風水』上的旺運繼續長久，以免

退運了，大家都要辛苦以對，但有些『正財命格』的人，會嫉妒別人有

『偏財運』，而心生怨恨，或因錢財利益，會故意破壞『暴發運風水』，

來阻擋別人的『偏財運』或『財運』。結果會害人反害己。

例如：

二〇〇二年發生台北市議員陳進棋在選舉期間遭槍殺案件，買兇

殺人的是其拜把兄弟，兩人一起從小長大，並住在附近。**此處即是帶有**

銳角三角形的『偏財運』地形。而陳進棋本人也有偏財運，在第一次選

市議員之前，有託人來算選情，當時我算他會掛車尾，選上也是因『偏

財格』的關係僥倖上榜，果然如此選上，當時也看到他有關係生命之傷

▼ 第九章　正財主命與『暴發運風水』不搭調

189

災，也曾警告過他。

陳進棋一生有多次好運機會及驚險的事情，這都是源於『偏財運格』和『暴發格』的關係，凶手陳朝琴雖與其一同成長，也住在同區，但沒有偏財運，因此事事略遜一疇，以致後來痛下殺機。

大家都會奇怪！從小一起長大的好兄弟為何竟會為了利益而殺害親如手足的對方，這當然要看陰險的這一方的命格及運程，運程不好時，人會窮凶極惡，順便也帶自己進入萬劫不復的境地（坐牢或判死刑）。命格中財少的人，又貪心，也會促使人發出窮凶極惡之心。另一方面，就是『暴發運風水』格局會催促人貪心，促發人的貪念。不能看到別人好，一看到別人有好運，使心生嫉妒、急欲摧毀。當時正值選舉如火如荼的展開之際，陳朝琴頭圓圓大大的，命宮有『陀羅』，自然會在地運的催促、緊張下，想到這個殺人毀滅強運對手的方法了。所以說人害人，地氣也害人，天運也害人了！

190

第九章　正財主命與『暴發運風水』不搭調

陳進棋家附近圖

如何掌握旺運過一生

法雲居士⊙著

這是一本教您如何利用『時間』來改變自己命運的書！旺運的時候攻，弱運的時候守，人生就是一場攻防戰。這場仗要如何去打？

為什麼拿破崙在滑鐵盧之役會失敗？

為什麼盟軍登陸奧曼第會成功？

這些都是『時間』這個因素的關係！

在您的命盤裡有哪些居旺的星？

它們在您的生命中扮演著什麼樣的角色？

它們代表的是什麼樣的時間？

在您瞭解這些隱藏的契機之後，您就能掌握成功，登上人生高峰！

第十章

『暴發運風水』
會使偏財者更發達

�֍ �֍ �֍ �֍ ✷ ✷

『暴發運風水』是地利。

『暴發運命格』的人，是人

和還須『天時』。『爆發的正

確時間』逢到，三種條件一

起到位，就能發達！

暴發運風水圖鑑

第十章 『暴發運風水』會使偏財者更發達

通常本命具有『偏財運格』的人，自己本身就會具有敏感性而住進『暴發運風水』之中了。倘若你自己本身有『偏財運格』，你可以馬上觀察你住處的四周，看看到底是不是偏財運風水格局？如果是的話！表示你的敏感力是好的，而且即將蓄勢待發！如果不是偏財運風水，只是一般格局的話！就表示你若不是運還不到，就是已經運氣過了，進入衰運期了，因此你要安心等待旺運再來臨，這可能須要花一點時間來等待了！

▼ 第十章 『暴發運風水』會使偏財者更發達

具有『偏財運格』的人，因為『偏財運格』的等級不一樣，所以爆發能量也不一樣，有大有小！其得富或得貴的狀態也不一樣，從事的行業也不一樣，成就及結果也都不相同。甚至連人生的曲折度，以及人生暴起暴落的方式也不一樣。

因此，如果你是具有『偏財運格』，又想利用『暴發運風水』來幫助自己發得更大的話，應該注意的事項是：

① 首先確定自己命格中的『偏財運格』是何種類型的『偏財格』，並要算清楚將暴發的年、月、日、時，以及一生中最大一次的『偏財運』在何時？如此一來，就可先把自己的優點或本錢搞清楚！如果你一生中最大一次的偏財運已經過了，或是很晚，要到七、八十歲或九十歲才走得到，或是因逆行大運而根本走不到，也沒關係！你就把最近一次將要發生的偏財運流年年份當做目標來努力吧！例如你若是丑未

暴發運風水圖鑑

武貪格的人，丑年（牛年）就將爆發偏財運，就以牛年做目標來努力。

如果你是巳、亥，『火廉貪格』或『鈴廉貪格』，今年豬年就是你要暴發的流年，再算好暴發流月，你就是最幸運的人了！

② **其次，你要先弄清楚自己的喜用神宜忌**，並知道自己的吉方、財方，這樣才好在屬於你的吉方、財方去找屬於你的『暴發運風水』。

喜用神宜忌是你的出生時間用八字來算出的。如果自己不會看，就請命理老師幫你看，這是人生的根本，關係你一生的命運。喜用宜忌如果弄錯了，會落入衰運會更慘，因此不可不慎重。並且你也一定要找能精通八字的老師幫你看，不能隨便使用網路上的電腦算命算八字，也不能道聽塗說，聽半罐水的朋友隨便說說，這是攸關生死旺衰的事情，一定要慎重才行！而且尤其對具有偏財運格的人非常重要！如果喜用宜忌搞錯了，用了相反的方位的偏財運風水，偏財運就會不發，浪廢掉了，豈不

可惜！

③ 你更要時常做功課，常出去走走，如果你目前住的方位正是你的『吉方』磁場，**在你家附近多找找看，有沒有『暴發運風水』的地方？**也多研究清楚你的住處是否也正處於『暴發運風水』之中？如果是的話，你就可以好好待在此處開始做其他的準備來迎接旺運到來。如果你還沒找到『暴發運風水』，你可以在每年中有兩個月剛好是『偏財運』相照的流月去尋找『暴發運風水』。有的人每年只有一個月有『偏財運』，因對宮有煞星刑剋的關係，你也可利用這一個月去找『暴發運風水』。因為在『偏財月』中，你的磁場最接近『偏財運』的磁場，因此容易尋找到『暴發運風水』格局中的好房子，未來就會為你帶來直衝雲霄的旺運了。

其實，如果你在大運、流年都逢偏財運格的時間點上去找『暴發

運風水」，一定會找到一流的『暴發運風水』。如果只有流月、流日逢到暴發運月或日，則只會找到小的『暴發運風水』格局了。

有一個朋友，他告訴我：他是『武貪格』的人，又有『武曲化權』在格局中，他在三十五歲時大發。他在大發那年逢牛年，起先很窮，又被房東趕，萬般無奈出去找房子，無意中找到一間房子住下，誰知第二個月就開始大發，他所研究發明的東西有人買了，給了權利金。

他原想另外找大一點的房子來住，但覺一個人不需要太浪費，因此繼續住在那裡，後來也在那房子的附近認識他的太太，結婚之後，才搬離該處，同時他太太也帶來豐厚的嫁妝，一下子他就有一億多元的財產了！

他說：真不敢相信，一年前還窮的被房東趕來趕去，不知何處是兒家，一年後居然一下子有那麼多錢了！這就是『偏財運格』加『偏財運風水』的雙重效應了！因此你只要命格中具有『偏財運格』，就不要怕

▼

第十章　『暴發運風水』會使偏財者更發達

199

窮！只是時候未到，暴發是遲早的事！

4 『暴發運』、『偏財運』也會找到出口才發！

例如說，你會做什麼？那些行業會有利於你，『偏財運格』就會帶你去從事那一行，而找到暴發的出口。

有一位女士是『武火貪格』的偏財運格，她是『廉破坐命』的人，以前在台灣做少奶奶，先生幫家中企業做貿易，後來家中長輩派其夫去大陸做電線工廠，其實是有分家的意思，她隨丈夫在大陸工廠生活也參與工作。其夫愛玩，性格又散漫，因此工廠大權就完全由這位女士主掌了。羊年二○○三年工廠擴增了好幾個廠，二○○五逢酉年時又緊縮成兩個工廠了，她來向我說：『她的人生為何這樣？以前都不必為錢煩惱，現在為何做生意如此辛苦？』其實這是她的『偏財運格』是『武貪格』加『火貪格』，為『雙暴發運格』，或稱『雙偏財運格』。這個

『雙暴發運格』一定要發在事業上，因此『雙暴發運格』自己找到出口了，讓她在大陸東莞地區，屬木火的地區，又是做電線、電纜，又屬火的東西，一起發起來了！我再問她：其工廠面積地形是否三角形？她說：『你怎麼知道？正是三角形的！我一直在想用那一邊做大門才好呢？』我告訴她：用朝南的那面做大門，會發的較大較快！

很多人有『偏財運格』，但心中卻很茫然，不知自己到底會發在那裡？尤其是有『武貪格』偏財運格的人。這些人常常問我說：『老師你都說『武貪格』是發在事業上，但我現在什麼也不會，做事也做不長，東做做，西做做，也沒有專長，要怎麼發？』

其實，這個問題不該問我！應該問你自己！自問一下，自己到底對什麼事感興趣？有沒有喜歡做的工作，或喜歡學習的事情？通常你只是茫然過日子，而從來沒認真想過這些問題，因此人會麻木過日子，也

變得傻兮兮的，什麼都不會做了！

其實，把自己會的、喜歡的、曾經做成功的事列出來，寫在一張紙上，再看看那些能成為你日後工作或事業能努力的方向。用消去法把不精通的、稍為興趣不算很濃的一一消去，最後留下的，再看看可行度高不高？有些人愛吃、想開餐廳，又懶得做，要請別人來幫忙做，自己只當出錢的老板，最後錢是砸下去了，但都給別人賺走了，老板也沒做幾天。因此你一定要對自己下決心的工作和事業投下精力去學習專業知識才行，並要親力親為去做，身體力行，才能成功！

很多人以為有『偏財運格』，便可不勞而獲而發大財！其實這個觀念會害死人！很多人因這個觀念而暴落特快，或根本還沒發，就花了大筆錢財，製造了大筆債務而痛苦不已！

有『偏財運格』的人，其實往往會比常人更辛苦，更努力！你認

為比爾蓋茲是天天蹺著二郎腿而擁有世界級的微軟公司而成為世界首富的嗎？你認為郭台銘早年坐著飛機來回奔波是到處玩耍而有的鴻海集團嗎？因此！具有『偏財運格』因比別人更聰明，更為人類中的精英，自然會更付出心力和體力、勞力來開創自己的事業。如果你現在還在為做那一行而茫然的話，那表示你是腦袋空空的人，『偏財運』也會發不大了！快點清醒吧！多用腦子想想吧！快找出你的人生目標及方向出來，好讓『偏財運』找到出口來爆發吧！

⑥ 人一定要有知識、學問才能使『偏財運』發得大！

『暴發運風水』或是找偏財運的方向，都必須要有知識才能找得到。不論你要找書和學歷文憑雖是老生常談的事，但像比爾蓋茲之流，雖大學二年級即休學去搞公司了，但他已掌握了數學及電子計算機的專業知識了，所以沒有專業知識是難以建立好事業的。如果你發現目前你還沒準備好專業

第十章 『暴發運風水』會使偏財者更發達

203

暴發運風水圖鑑

▽暴發運風水圖鑑

知識，仍可回學校去唸唸書，或由其他管道去學習。人一定要先自己準備好了，才能配合『暴發運風水』發得更大的。自己這一關沒準備好，即使找到再大的『暴發運風水』也難以發得更大。

紫微命理子女教育篇

戀愛圓滿　愛情繞指柔

簡易大六壬神課詳析

理財贏家非你莫屬

204

第十一章

『暴發運風水』
要小心禁忌發生不吉

❀❀❀❀❀❀

　　『暴發運風水』要小心沖忌的問題，否則非但發不成，亦會爆發偏財運後，自己享受不成，反而傷害性命，或身體。

暴發運風水圖鑑

第十一章　『暴發運風水』要小心禁忌發生不吉

　　『暴發運風水』格局的禁忌很多，既要防不發，又要防發了之後形成煞忌刑剋，對人不利，或發瘋或傷害性命，都不可不防！

　　想要能形成優良的『暴發運風水』，就跟找龍穴一樣，是有點困難的。因為找龍穴是為死人找『暴發運風水』。而為活人直接找『暴發運風水』格局是活人能用、能快爆發的格局。但是對於有心者來說，也未必是一件困難的事。因為只要注意幾個大原則的禁忌就差不多能掌握了！

『暴發運風水』格局的禁忌：

1

　　『暴發運風水』如果在高壓電塔、發電廠、核能工廠附近，由於電磁場太強烈，在人所住的範圍之內，有『暴發運』的人雖『暴發偏財運』的速度會加快，但其人容易精神異常，得精神疾病，沒有偏財運的人，則容易得癌症，都會影響生命不正常的發展。

　　事實上，會住到電廠、電塔附近的人，多半為性格獨特怪異、脾氣怪的人，或是窮困無力搬遷的人，也有些人因為祖產在那裡，而捨不得離開，久而久之也會變成古怪、脾氣壞的人了。

第十一章　『暴發運風水』要小心禁忌發生不吉

河流反弓的刑剋

公路攔腰穿過

2　如果住處剛好是大型的『偏財運』格局，有公路、鐵路、河流組成，要注意有反弓的刑剋照射。亦要注意不可有大型的公路再攔腰穿過，亦為不吉。前者易爆發以後，快速而亡，如甘迺迪總統者，後者易不發或因禍事而發，容易自己享受不到。

暴發運風水圖鑑

③ 『暴發運風水』格局不應太偏僻，或靠近公墓、墳墓。

『暴發運風水』在熱鬧的區域是較容易爆發的。如果處在太偏僻之地，就是時運不濟，多為陰運，要等很久，也不一定發。如果是靠近公墓或附近有墳墓，也容易偏陰，會有不正當的『偏財運』爆發，或其人（具有偏財運的人）會陰險想著害人的事來暴發自己的偏財運，如李雙全、陳金火等惡徒即是。

④ 『暴發運風水』也不能靠近急流、險灘，或多懸崖、峭壁。有些『武貪格』地形的『暴發運風水』，容易在峽谷或海岸形成，也容易出現湍急的河流，或在海岸邊形成有漩渦、流沙的海灘邊緣，或是在峽谷地形中又有懸崖、峭壁，十分驚險。如果有此種地形，都代表住在此有『暴發運』及『偏財運』的人，會有起伏不定、多周折曲轉的人生。

例如毛澤東出生的『韶山沖』即是此種地形，因此毛澤東一生多驚濤駭

浪的鬥爭。這當然也是其人本身命格如此，但也顯示了與地理環境相呼應的一面。不是出生在如此的地形上，不會有此命格。沒有此命格亦不會出生在此種地形之上。在『韶山冲』也會有別的人有『偏財運』，但不會有毛澤東發的大。這是時間上的巧合，剛好地氣（地運）、天運（時間）、人運（人出生的時間或人發運的時間），剛好在一條直線上，因此，會爆發旺運了。

⑤　**『暴發運風水』的房屋，其避雷針不能太粗。** 在打雷閃電時，避雷針是導空中的電流入地下的管道。有偏財運的人都希望運氣和能量大量的灌注到自己身上，因此會用較粗的避雷針，或鐵架支在屋頂上。

但較粗的避雷針或屋頂上的鐵架、鐵桿真會引導雷雨所帶來的大量電流，而易引發火災或傷到人的災害。這對人來說也不算是很吉祥的了。

況且屋頂上的鐵架，如果圍成方形或三角形，就有困坐牢籠之嫌，偏財

運也會被困住，也是不吉的。

6　『暴發運風水』房屋之牌樓或屋前、屋頂的尖頂及大門式樣為尖形、山形或火苗形狀時，其房屋整體的顏色要為紅色。不可上面為紅色，下面為黑色、藍色。或為黑色呈山形的大門（洪若潭家的大門即是如此）。如此會有水火相剋的刑剋，恐有刑剋傷亡的事件發生。

7　『暴發運風水』庭園中也最好以真的、紅花綠葉的植物為主，儘量不要放假的或塑膠類的假花、假植物，以防不會發，或是『假發』。如果主人命格中火太多，欠水的人，也要注意不要做『枯山水』的景觀放置在庭園中，也會造成不發的狀況。儘量以小河流或小瀑布、水榭的景觀來佈置園庭較好。

8　『暴發運風水』屋相帶火型之房屋，只宜面朝正東和正南，為坐北朝南，或坐西朝東，為大發的吉相。其他方位都有刑剋，會不發或

發得遲。如果本命欠水火多的帶有『偏財運』的人，則不宜住在此種火型宅中，否則其人會發生瘋狂、精神異常，亦會有慘事發生。本命欠水而火多的人要遇水而發，因此宜面朝北和西北方，為坐南朝北，或坐東南朝西北才行。

但還要注意一件事：命格需水的人，縱然有『偏財運』，若身處南方或熱帶地方，即使住面朝北的人，房子也發不大。一定要人跑到北方去才真的發的大。**在南方、南部會爆發大財富的人，都是命格火的人，也住在紅色的房子中**，或是下意識的為自己佈置了『暴發運風水』。你可看到桃園和南部台南、屏東、高雄幾個城市頻頻開出樂透大獎，就知道這些五行屬火的區域是具有爆發偏財運的潛力了。

『暴發運風水』庭園中不適合種陰樹，通常在台灣的『暴發運風水』，多半屬於『火貪格』或『鈴貪格』，以一人高的花草植物為高度

來佈置庭園最好。最好不要種植松柏類的大樹，會招陰運，帶陰氣，也會讓家中帶煞氣。因為松柏類大樹有風吹過時，會沙沙作響，有如『呻吟煞』，主家中人有病痛或帶喪事，因此不吉。松柏類之樹木又多種於峽谷，又有河流蜿蜒順勢形成的『武貪格』『暴發運風水』格局，其上有松柏類的陰樹則不怕，其土質以灰黑色為佳，亦能大發。但位於此地的『暴發運格』旳人一定也會離鄉而後大發。如毛澤東即是如此。

⑩『暴發運風水』格局的房屋，也要看地下排水溝的分佈狀況。

倘若有大的排水溝位於『暴發運風水』房屋之側則不吉，會影響偏財運的爆發。因為排水溝時而乾涸，有時也會發出惡臭味，或有垃圾骯髒之物順勢流過，會給『暴發運風水』的房屋帶來衰運，不發或晚發，亦或發的是刑剋、傷災、禍事的錢財。容易乾涸的排水溝或河流，不論你命

214

格中需不需要水，其實都是不吉之相，容易不發且窮困。

例如房屋在『暴發運風水』偏財運格局之中：

11 『暴發運風水』格局房屋最忌桃花煞，會不發，或直接暴落。

(1)坐東朝西的房子，最怕北方有小河或大水溝斜向而來（右手方）。

(2)坐西北朝東南的房子，最怕正北方（左手方）有小河或大水溝斜向而來，此為桃花煞水，主敗財帶禍事。

(3)房屋坐東南朝西北方，最怕正南方有小河或大水溝斜向而來（在左手方）。

(4)房屋坐西朝東，最怕正南方有小河或大水溝斜向而來（在右手方）。後二種為因淫風敗德，易起盜賊之心，即使爆發了『偏財運』，也會惡事敗露而伏法。

暴發運風水圖鑑

12 『暴發運風水』格局中房屋也要忌羊刃煞水之忌。

例如：**面朝『甲』方之房屋**（為面朝北北東），而卯向，在房屋右

前方有公路或鐵路或河流朝向房屋旁經過，此為羊刃煞水之忌。

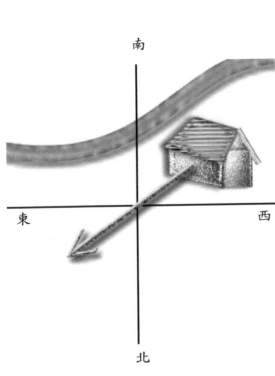

面朝甲之房屋帶羊刃水

南

東　　　　　西

北

216

暴發運風水圖鑑

房屋為面朝『丙』方（為面朝東南南），而午向在房屋的右前方有大路公路、鐵路或『河流朝向房屋旁經過，亦是羊刃煞水。

面朝丙方之房屋帶羊刃水

第十一章　『暴發運風水』要小心禁忌發生不吉

房屋為面朝『辛』方（即為北北西方），而戌向，房子的右前方有大路、公路、鐵路或河流經過，亦是羊刃煞水。

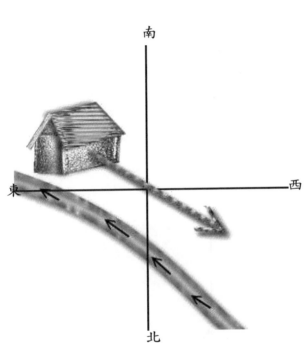

面朝辛方之房屋帶羊刃水

218

暴發運風水圖鑑

房屋為面朝『癸』方（即為北北東方），而丑方，房子的右前方有大路、公路、鐵路或河流經過，亦為羊刃煞水。

面朝癸方之房屋帶羊刃水

※犯羊刃水之『暴發運風水』皆為破格，易不發，或發受傷之賠償金之財。

如何掌握旺運過一生

如何推算大運流年流月

如何尋找磁場相和的人

如何用偏財運來理財致富

第十二章

增加『暴發運風水』快發的竅門

❋❋❋❋❋
增加『暴發運風水』快發的
竅門，就是利用方位、小道
具、顏色，以及智慧，就能
快發及發得大！

第十二章　增加『暴發運風水』快發的竅門

寫到『暴發運風水圖鑑』的最後，想必各位看倌是幾家歡樂，幾家愁的！本身具有『暴發運格局』的人，又發現自己住家附近儼然是『暴發運風水』格局，大喜之致。而本身沒有『暴發運格』的人，又搞不懂自己到底住過『暴發運風水』過沒有的人，就煩惱了。

現在公佈一些我曾教人使用的小偏方來增進『偏財運』的方法，

多年前有朋友要升某一個職務求教於我，因為這個職務有很多人爭取，

▼　第十二章　增加『暴發運風水』快發的竅門

而且升職後薪水多一倍，因此他非常在意。但是此人本身沒有『偏財運格』，因此我為他做了一個求『偏財運』的方法。

這位朋友的喜用神要『火』。通常喜用神為『金水』系列的人，以西北方為偏財方。而喜用神為『木火』的人，以東南方為偏財方。

方法是：要這位喜用神要『火』的朋友一定要住門向朝南的房子，最好門口有陽台或小花園，要在門口東南方的位置買一盆茂盛的『紅花』盆擺上，晚上花收進屋內來，清早再搬出去，放在『東南方』的位置。連續三個月，其間如果花凋謝、花落了，就趕快再換一盆開得茂盛的『紅花』，要小心照顧此花，如此快的話一個月，慢的話要三個月會成功。如果是要參加考試，希望成功，亦可用此法，這是會增加木火旺的方法，木火旺能增『偏財運』和『考試運』，但這是喜用神需要火的人才能用的。

喜用神需要金水系列的人，例如要庚、辛、金或壬、癸水的人，

其『偏財方』在西北方，宜在自己書房的『西北方』角落，或客廳門外『西北方』位置，用魚缸養魚或將水晶石泡在水裡、養在玻璃缸中，來增加『偏財運』和『考試運』。

喜用神要金水的人，就不能種花養植物，因為植物五行屬木，會『金木相剋』，或是『木來吸水』，都是不利己的。因此用水來養魚和養石頭較佳也有用。

前面那位喜用神要火的朋友很順利的升職成功，因此這個小祕方在我朋友群中留傳。後來一位在台灣療養院做醫生的朋友，也用過此法來升等都非常有效，有須要的人可以試試看。

▼

第十二章　增加『暴發運風水』快發的竅門

增加『正財運』的小撇步

增加『正財運』的方法是每一個人都可以來做的，不分你是否有『偏財運格』或是『正財格』的人，皆可為自己增加『正財運』。正在讀書的人也可以為自己增加『正財運』，這樣你會學習能力增強，而且所學的東西都能學以致用，能得到很好的發展，在考試上也能得高分，對自己有利。

增加『正財運』的方法是：在家中進門口的玄關，或客廳財位上的牆壁上，掛上『向日葵花』的照片或畫作。通常荷蘭畫家梵谷的向日葵畫作最受歡迎和得人青睞。畫家梵谷雖一生貧苦，但死後旺運才走到，目前一幅畫值數千萬美金。向日葵有向陽性，代表積極性。黃色是主富的顏色，就像佛教是以黃色為主的宗教，佛教團體也是最富裕的團

226

體了。

我的朋友和學生大都知道用此法來增加『正財運』，因為顏色和形象對我們的視力的刺激影響，也會增加我們做事積、圓融，有企圖心，也有成就美事的能力。目前大家也都過得很好，少有金錢煩惱呢！大家也都說此方法是有用的！因此貢獻給大家。

有些人喜歡用『五帝錢』放在家中客廳地上四個角落，或是放在門墊下，或放在財位上，或放在地毯下，有學生問我：這樣好嗎？有用嗎？我想⋯心誠則靈吧！如果一個人一心想過富裕日子，不止要做這些表面的祈福之事，更要把帳算清楚，不能糊里糊塗的過日子，自然會錢財有增進的了。

紫微斗數精華篇

法雲居士⊙著

學了紫微斗數卻依然看不懂格局，不瞭解星曜代表的意義，不知道命程形局的走向，人生的高峰時期在何時？何時是發財增旺運的好時機？考試、升職的機運在何時？何時才會交到知心的好朋友？

一生到底能享多少福？成就有多高？不管問題是你自己的，還是朋友的，你都在這本書中找得到答案！

法雲居士將紫微斗數的精華從實用的角度，來解答你的迷惑，及解釋專有名詞，讓你紫微斗數的功力大增，並對每個命局瞭若指掌，如數家珍！

賺錢工作大搜查

法雲居士⊙著

在命理學中，人天生是來『賺錢』的！人也天生是來工作的！

但真正賺錢的工作是由『命』來決定的！『命』是由時間關鍵點所形成的氛圍，及人延伸出的智慧。

因此每個人都有屬於自己專屬的賺錢之路和工作。

法雲居士用紫微命理幫你找出發財之路，並且告訴你何時是事業上的高峰，何時能直上青雲，擁有非凡成就。

對你有影響的

殺、破、狼

上、下冊

法雲居士⊙著

每一個人的命盤中都有七殺、破軍、貪狼三顆星，在每一個人的命盤格中也都有『殺、破、狼』格局，『殺、破、狼』是人生打拼奮鬥的力量，同時也是人生運氣循環起伏的一種規律性的波動。在你命格中『殺、破、狼』格局的好壞，會決定你人生的成就，也會決定你人生的順利度。『殺、破、狼』格局既是人生活動的軌跡，也是命運上下起伏的規律性波動。但在人生的感情世界中更是一種親疏憂喜的現象。它的變化是既能創造屬於你的新世界，也能毀滅屬於你的美好世界，對人影響至深至遠。

因此在人生中要如何把握『殺、破、狼』的特性，就是我們這一生最重要的功課了。

對你有影響的

紫、廉、武

法雲居士⊙著

在每個人的命盤中，都有紫微、廉貞、武曲三顆星，同時這三顆星也具有堅強的鐵三角關係，會在三合宮位中三合鼎立著，相互拉扯，關係緊密、共同組織、架構了你的命運。這也同時，紫微、廉貞兩顆官星和武曲一顆財星，也共同主宰了你的命運！當命盤中的紫、廉、武有兩顆以上居旺時，你的人生就會富足的多，也事業順利、有成就。要看命好不好？就先從你命盤中的這三顆星來分析吧！

星曜特質系列書包括：『殺、破、狼』上下冊、『羊陀火鈴』、『十干化忌』、『權、祿、科』、『天空、地劫』、『昌曲左右』、『紫、廉、武』、『府相同梁』上下冊、『日月機巨』、『身宮和命主、身主』。此套書是法雲居士對學習紫微斗數者常忽略或弄不清星曜特質，常對自己的命格有過高的期望或過於看輕的解釋，這兩種現象都是不好的算命方式。因此以這套書來提供大家參考與印證。

對你有影響的
昌曲左右

法雲居士⊙著

在每個人的命格之中，文昌、文曲、左輔、右弼都佔有重要的位置。昌曲二星不但是主貴之星，也直接影響人的相貌、氣質和聰明度，更會為你的人生帶來不同的變化和創造不同的人生。

左輔、右弼是兩顆輔星，助善也助惡，在你的命格中，到底左輔、右弼兩顆星是和吉星同宮還是和凶星同宮呢？到底左右兩星有沒有真的幫忙到你的人生呢？

星曜特質系列書包括：『殺、破、狼』上下冊、『羊陀火鈴』、『十干化忌』、『權、祿、科』、『天空、地劫』、『昌曲左右』、『紫、廉、武』、『府相同梁』上下冊、『日月機巨』、『身宮和命主、身主』。此套書是法雲居士對學習紫微斗數者常忽略或弄不清星曜特質，常對自己的命格有過高的期望或過於看輕的解釋，這兩種現象都是不好的算命方式。因此以這套書來提供大家參考與印證。

對你有影響的
十干化忌

法雲居士⊙著

『權祿科忌』是一種對人生的規格與約制，十種年干形成十種不同的、對人命的規格化，以出生年份所形成的四化，其實就已規格化了人生富貴與成就高低的格局。『權祿科』是決定人生加分的重要關鍵，『化忌』是決定人生減分的重要關鍵，加分與減分相互消長，形成了人世間各個不同的人生格局。『化忌』也會是你人生命運的痛腳及力猶未逮之處。

星曜特質系列書包括：『殺、破、狼』上下冊、『羊陀火鈴』、『十干化忌』、『權、祿、科』、『天空、地劫』、『昌曲左右』、『紫、廉、武』、『府相同梁』上下冊、『日月機巨』、『身宮和命主、身主』。此套書是法雲居士對學習紫微斗數者常忽略或弄不清星曜特質，常對自己的命格有過高的期望或過於看輕的解釋，這兩種現象都是不好的算命方式。因此以這套書來提供大家參考與印證。

對你有影響的

羊陀火鈴

法雲居士⊙著

在每個人的命盤中都會有『羊、陀、火、鈴』出現，這些星曜其實會根據其本身特質來幫助或影響命格，有加分、減分的作用。

『羊、陀』並不全都不好。『火、鈴』也有好有壞，端看我們怎麼運用它們的長處，和如何抵制它們的短處，就能平撫羊、陀、火、鈴的刑剋不吉。以及利用它們創造更高層次的人生。

星曜特質系列書包括：『殺、破、狼』上下冊、『羊陀火鈴』、『十干化忌』、『權、祿、科』、『天空、地劫』、『昌曲左右』、『紫、廉、武』、『府相同梁』上下冊、『日月機巨』、『身宮和命主、身主』。此套書是法雲居士對學習紫微斗數者常忽略或弄不清星曜特質，常對自己的命格有過高的期望或過於看輕的解釋，這兩種現象都是不好的算命方式。因此以這套書來提供大家參考與印證。

對你有影響的

天空、地劫

法雲居士⊙著

『天空、地劫』在每一個人的命盤中都會出現，它們主宰著在人命中或運氣中一些『空無』的、不確定的事情。『天空、地劫』都是由人內在思想所產生的觀念所導致人的行為偏差，而讓人失去機會和運氣，也失去錢財和富貴。『天空、地劫』若出現於『命、財、官』之中，也會規格化與刑制人命的富貴與成就。『天空、地劫』亦是人生中有漏洞及不踏實的所在，你也可藉此觀察自己命運不濟及力不從心之處。

星曜特質系列書包括：『殺、破、狼』上下冊、『羊陀火鈴』、『十干化忌』、『權、祿、科』、『天空、地劫』、『昌曲左右』、『紫、廉、武』、『府相同梁』上下冊、『日月機巨』、『身宮和命主、身主』。此套書是法雲居士對學習紫微斗數者常忽略或弄不清星曜特質，常對自己的命格有過高的期望或過於看輕的解釋，這兩種現象都是不好的算命方式。因此以這套書來提供大家參考與印證。

對你有影響的

日月機巨

上、中、下冊

法雲居士⊙著

『太陽、太陰、天機、巨門』在每個人的命盤中都有這四顆星，這四顆星在人命格中具有和前程、智慧、靈敏度、計謀、競爭、感情，以及應得的故定財祿有關的主導關係。

其實你也會發現這四顆星，不但一起主宰了你的情緒智商，同時也共同主宰了你的前途命運及一生富貴。

中冊講的是『太陰星』在人生命中之重要性。太陰代表人的質量，代表人本命的財，也代表人命中身宮裡靈魂深處的東西。

『太陰』更代表你和女人相處的關係，以及你一輩子可享受的錢財，因此對人很重要！太陰又代表月亮，因此月球對地球的關係也對地球上的每個人有極大的影響力。

下冊講的是『天機星』和『巨門星』在人的生命中之重要性。

『天機』代表智慧、聰明和活動的動感，以及運氣升降的方式和速度。

『巨門』代表人體上出入口之慾望，也代表口舌是非，巨門是隔角煞，是人生轉彎處會絆礙你的尖銳拐角。

『天機』與『巨門』主宰人命運的成功與奮發力，對每個人也有極大的影響力！

星曜特質系列書包括：『殺、破、狼』上下冊、『羊陀火鈴』、『十干化忌』、『權、祿、科』、『天空、地劫』、『昌曲左右』、『紫、廉、武』、『府相同梁』上下冊、『日月機巨』、『身宮和命主、身主』。此套書是法雲居士對學習紫微斗數者常忽略或弄不清星曜特質，常對自己的命格有過高的期望或過於看輕的解釋，這兩種現象都是不好的算命方式。因此以這套書來提供大家參考與印證。

桃花轉運術

法雲居士⊙著

桃花運是人際關係中的潤滑劑，在每個人身上多少都帶有一點。這是『正常的人緣桃花』。

但是，桃花運分為『吉善桃花』、『愛情色慾桃花』、『淫惡桃花』。亦有『桃花劫』、『桃花煞』、『桃花耗』等等。桃花劫煞會剋害人的性命，或妨礙人的前途、事業。因此，那些是好桃花、那些是壞桃花，要怎麼看？怎麼預防？或如何利用桃花運來轉運、增強自己的成功運、事業運、婚姻運？

法雲老師利用多年的紫微命理經驗來告訴你『桃花轉運術』的方法，讓你一讀就通，轉運成功。

如何用偏財運來理財致富

法雲居士⊙著

偏財運會創造人生的奇蹟，
偏財運也會為人生帶來財富，
但『暴起暴落』始終是人生中的夢魘。
如何讓暴發的財富永遠留在你的身邊，
如何用一次接一次的偏財運增高
你的人生格局？

這本『如何用偏財運來理財致富』
就明確的提供了：

發財的方法和用偏財運來理財致富
的訣竅，讓你永不後悔，
痛快的過你的人生！

對你有影響的

身宮、命主、身主

法雲居士⊙著

在紫微命理的學理中，命盤上每一個宮位、星曜、星主、宮主都是十分重要的。

其中，身宮、命主和身主，代表人的元神、精神，是人靈魂方面的內涵。

一般我們算命，多半算太陽宮位，是最起碼的算命方式。像身宮是太陰所管轄的宮位，我們要看人的內在靈魂，想看此人的前世今生，就不能忽略這些代表人內在靈魂的『身宮、命主、身主』了！

星曜特質系列書包括：『殺、破、狼』上下冊、『羊陀火鈴』、『十干化忌』、『權、祿、科』、『天空、地劫』、『昌曲左右』、『紫、廉、武』、『府相同梁』上下冊、『日月機巨』、『身宮、命主、身主』。此套書是法雲居士對學習紫微斗數者常忽略或弄不清星曜特質，常對自己的命格有過高的期望或過於看輕的解釋，這兩種現象都是不好的算命方式。因此以這套書來提供大家參考與印證。

對你有影響的

府相同梁

上、下冊

法雲居士⊙著

對你有影響的『府相同梁』這本書分上、下兩冊，上冊主要以天府、天相兩顆為主題。下冊則以天同、天梁這兩顆星為主題。

『天府、天相、天同、天梁』這四顆星，表面看起來性質很接近，其實內在含意各自大不相同。這四顆星在人類的命運中也各自擔負起不同的角色和任務。因此『府相同梁』在命理中不但是命格的名稱，同時也是每個人之福、祿、壽、喜、財、官、印等等之福氣的總和。您若想知道自己一生真正的福祿有多少？真正能享受的財祿、事業有多高，此書將提供您最好的答案！

戀愛圓滿－愛情繞指柔

法雲居士⊙著

愛情是『人』的精神層面之大宇宙。
缺少愛情，人生便會死寂一片，空泛無力。在人生中，你會遇到什麼樣的愛情對手？你的『愛情程式』又是什麼型式的？
是相愛無怨尤的？還是相煎何太急的？你的『愛情穩定度』是什麼方式的？
是成熟型有彈力的？還是斷斷續續無疾而終的？你想知道『花心大蘿蔔』的愛情智商有多高嗎？在這本書中會有讓你意想不到的噴飯答案。

法雲老師用紫微命理的架構，把能夠讓你〝愛情圓滿〞的秘方，以及讓戀愛對方服貼的秘方告訴你，讓你能夠甜蜜長長久久！

機月同梁格會主宰你的命運

法雲居士⊙著

『機月同梁格』在紫微命理中是非常重要的命理格局。它是一個能使人有穩定工作、及過平順生活的格局。不僅是只能過薪水族生活的格局而已！它會在每個人的命盤中出現，而且各人的格局形式與星曜旺弱都不一樣，代表了每個人命運凶吉刑剋。

此格局完美的人能做大事成大業，能由經年累月累積財富，或由經驗累積而功成名就。法雲老師用自己的經驗和體會，以及長期研究紫微命理的心得寫下此書，獻給一些工作事業起伏不定的朋友們，以期檢討此人生格局後再出發，創造更精彩的人生！

理財贏家、非你莫屬

法雲居士⊙著

『理財』要做贏家，
就是要做『富翁』的意思！
所有的『理財贏家』都有自己出奇致勝的
絕招。
有的人就知道自己的財富寶藏在那裡，
有的人卻懵懂、欠學，理財卻不贏。

世界上要學巴菲特的人很多，
但會學不像！

法雲居士用精湛的紫微命理方式，
引導你做個『理財贏家』從此改變人生，
也找到自己的富翁之路。

如何選取喜用神
上、中、下冊

法雲居士⊙著

(上冊)選取喜用神的方法與步驟。
(中冊)日元甲、乙、丙、丁選取喜用神的重
　　　點與舉例說明。
(下冊)日元戊、己、庚、辛、壬、癸選取喜
　　　用神的重點與舉例說明。
每一個人不管命好、命壞，都會有一個用神
與忌神。喜用神是人生活在地球上磁場的方
位。喜用神也是所有命理知識的基礎。及早
成功、生活舒適的人，都是生活在喜用神方
位的人。運蹇不順、夭折的人，都是進入忌
神死門方位的人。門向、桌向、床向、財
方、吉方、忌方，全來自於喜用神的方位。
用神和忌神是相對的兩極。一個趨吉，一個
是敗地、死門。兩者都是人類生命中最重要
的部份。你算過無數的命，但是不知道喜用
神，還是枉然。法雲居士特別用簡易明瞭的
方式教你選取喜用神的方法，並且幫助你找
出自己大運的方向。

生辰八字一把罩

法雲居士⊙著

世界上所有成功的人，都有很好的生辰八字！生辰八字是人出生時的時間標的。同時也是人出現在宇宙間、在黃道上所留下的十字標記。宜室宜家的人，福壽康寧不生病的人，同樣也都具有好的生辰八字。

因此，為人父母者，要保障子孫的優秀與成功，必須多少瞭解一點優生學。

這本『生辰八字一把罩』就是幫助大家多生優秀子孫的一本書。

法雲居士用紫微命理及八字學的觀點，告訴你如何找到小孩的生辰好時辰。以及再多創造一個事業成功的偉人。

流年轉運術

法雲居士⊙著

算運氣、算流年，大家都希望愈轉愈好，有的人甚至希望能『轉運』，去除衰運。

實際上會運用『流年』算法的人，就能利用『流年』來轉運了。

『流年轉運術』是一本幫助大家運用流年推算法，來控制好運到來的時間的利器。一方面幫助大家趨吉避凶，另一方面幫助大家把好運、強運像疊羅漢似的，一層一層堆高，使你常身處在無限的好運、旺運之中。

如此，便一生也不會遭災難侵襲了。

姓名轉運術

法雲居士⊙著

利用『姓名』來改運、轉運，
古往今來都是常有的事！
但真要使『好姓名』達到增強旺運的功能，
必須有許多特殊的轉運技術才行。

『姓名轉運術』
是一本教你可以利用特殊命理的方法，
以及中國文字的特殊五行陰陽智慧，
及納音聲轉效果來達成轉運、改運目的。
替改運者，重建一個優質的磁場環境，
而完成今世世界高規格的生活目的，
增進你的財富與事業成就。

天生財富總動員

法雲居士⊙著

每一個人、天生本命中都有很多財富，
但是每個人並不一定知道屬於自己的財富
在那裡？你的財富是藏在智慧裡？
藏在工作中？藏在享受中？
還是藏在父母、小孩或六親的身上？

這本『天生財富總動員』
幫你找出自己天生的財富到底有多少？
也幫你找出自己天生的財富到底儲存在何處？
讓你的天生財富動員起來吧！
再次創造一個美麗的人生。

紫微命格論健康
上、下冊

法雲居士⊙著

陰陽五行自古以來就是命理學和中國醫學的源頭及理論的重要依據。

命理學和中醫學運用陰陽五行做為一種歸類和推演的規律，運用生剋制化的功能，來達到醫治、看病、養生的效果。因此命理學和中醫學既是相通的，又是同出一源的。

《上冊》談的是每個命格在健康上所展現的現象。《下冊》談的是疾病因命格不同所產生的理論問題。

教您利用流年、流月、流日來看生理狀況和生病日。以及如何挑選看病、開刀，做重大治療的好時間與好方位，提供您保養身體與預防疾病的要訣。

紫微斗數是最能掌握時間要素的命理學。生命和時間有關，能把握時間效應，就能長壽。此書能教您如何保護生命資源，達到長壽之目的。

如何創造事業運

法雲居士⊙著

人生中有千百條的道路，但只有一條，是最最適合您的，也無風浪，也無坎坷，可以順暢行走的道路，那就是事業運！

有些人一開始就找對了門徑，因此很早、很年輕的便達到了目的地，成為事業成功的菁英份子。有些人卻一直在茫然中摸索，進進退退，虛度了光陰。

屬於每個人的人生道路不一樣，屬於每個人的事業運也不一樣！要如何判斷自己是否走對了路？一生的志業是否可以達成？地位和財富能否得到？在何時可得到？每個人一生的成就，在紫微命盤中都有顯示，法雲居士以紫微命理的方式幫助您檢驗人生，找出順暢的路途，完成創造事業運的偉大工程！

如何觀命・解命
如何審命・改命
如何轉命・立命

法雲居士⊙著

古時候的人用『批命』，是決斷、批判一個人一生的成就、功過和悔吝。

現代人用『觀命』、『解命』，是要從一個人的命理格局中找出可發揮的潛能，來幫助他走更長遠的路及更順利的路。

從觀命到解命的過程中需要運用很多的人生智慧，但是我們可以用不斷的學習，就能豁然開朗的瞭解命運。

一般人從觀命開始，把命看懂了之後，就想改命了。命要怎麼改？很多人的看法不一。

『改命』最重要的，便是要知道命格中受刑傷的是哪個部份的命運？再針對刑剋的問題來改。

觀命、審命是人生瞭解命運的第一步。

知命、改命、達命，才是人生最至妙的結果。

這是三冊一套的第三本書，由觀命、審命，繼而立命。由解命、改命，繼而轉運，這其間的過程像連環鎖鏈一般，是缺一個環節而不能連貫的。

常常我們會對人生懷疑，
常想：要是那一年我做的決定不是那樣，人生是否會改觀了呢？您為什麼不會做別的決定呢？這當然有原因，

紫微格局看理財

法雲居士⊙著

『理財』就是管理錢財，必需愈管愈多！因此，理財就是賺錢！每個人出生到這世界上來，就是來賺錢的，也是來玩藏寶遊戲的。每個人都有一張藏寶圖，那就是您的紫微命盤！一生的財祿福壽全在裡面了。同時，這也是您的人生軌跡。玩不好藏寶遊戲的人，也就是不瞭解自己人生價值的人，是會出局，白來這個世界一趟的。因此您必須全神貫注的來玩這場尋寶遊戲。

『紫微格局看理財』是法雲居士用精湛的命理推算方式，引領您去尋找自己的寶藏，找到自己的財路。並且也教您一些技法去改變人生，使自己更會賺錢理財！

使你升官發財的『陽梁昌祿』格

法雲居士⊙著

在中國命理學中，『陽梁昌祿』格是讀書人最嚮往的傳臚第一名榮登金榜的最佳運氣了。從古至今，『陽梁昌祿』格不但讓許多善於讀書的人得到地位、高官、大權在握，位極人臣。現今當前的世紀中也有許多大老闆大企業家、大企業之總裁全都是具有『陽梁昌祿』格的人，因此要說『陽梁昌祿』格會使人升官發財是一點也不假的事實了。

但是光有『陽梁昌祿』格卻錯過大好機會而不愛唸書的人也大有其人！要如何利用此種旺運來達到人生增高的成就，這也是一門學問值得好好研究的了。聽法雲居士為你解說『陽梁昌祿』格的旺運成就方法，同時也檢驗自己的『陽梁昌祿』格有無破格或格局完美度，以便幫自己早早立下人生成大功立大業的壯志。

易經六十四卦詳析

袁光明⊙著

這是一本欲瞭解《易經六十四卦》中
每一幅卦義的工具書。

易經主要的內容與境界在於
理、象、數。
象是卦象，數是卦數。
『數』中還有陰陽、五行等主要元素。
因此要瞭解六十四卦的內容，
必須從基本的爻畫排列方式與
稱謂開始瞭解，以及爻畫間的
『時』、『位』、『比』、『應』等關係，
最後能瞭解孔子所說的：
『易簡而天下之理得矣。』

紫微星曜專論

法雲居士⊙著

此書為法雲居士重要著作之一，主要論
述紫微斗數中的科學觀點，在大宇宙
中，天文科學的星和紫微斗數中的星曜
實則只是中西名稱不一樣，全數皆為真
實存在的事實。

在紫微命理中的星曜，各自代表不同的
意義，在不同的宮位也有不同的意義，
旺弱不同也有不同的意義。在此書中讀
者可從法雲居士清晰的規劃與解釋中，
對每一顆紫微斗數中的星曜有清楚確切
的瞭解，因此而能對命理有更深一層的
認識和判斷。

此書為法雲居士教授紫微斗數之講義資
料，更可為誓願學習紫微命理者之最佳
教科書。

紫微攻心術

法雲居士⊙著

『紫微攻心術』是一本用中國固有的心理戰術，再加上紫微命理的對人性的分析，兩者相結合來觸動人心繼而相輔相成，達到你我雙方都雙贏的一本書。

『攻心術』一向在中國都是兵家最高層次的應用手法。現代人在不景氣的時運中想要突出重圍，努力生存及生活，其實也是和大環境及當前的生活模式做一番戰鬥，因此在變化異常的景氣寒冬中，對人際關係及職業賺錢的攻心術則不能不多通曉及努力學習了！

最先知曉及能運用『攻心術』的人，將是一手掌握商場天下之情勢的人。

紫微命理子女教育篇

法雲居士⊙著

《紫微命理子女教育篇》是根據命理的結構來探討小孩接受教化輔導的接受度，以及從命理觀點來談父母與子女間的親子關係的親密度。

通常，和父母長輩關係親密的人，是較能接受教育成功的有為之士。

每個人的性格會影響其命運，因材施教，也是該人命運的走向，

故而子女教育篇實是由子女的命格預測子女將來的成就。

簡易大六壬神課詳析

法雲居士⊙著

『六壬學』之占斷法是歷史上最古老的占卜法。其年代可上推至春秋時代。

『六壬』與『易』有相似之處，都是以陰陽消長來明存亡之道的卜術。學會了之後很容易讓人著迷。它也是把四柱推命再繼續用五行生剋及 陰陽等方式再變化課斷，以所乘之神及所臨之地，而定吉凶。

新的二十一世紀災難連連，天災人禍不斷，卜筮之道中以『六壬』最靈驗，但大多喜學命卜者害怕其手續煩雜，不好入門，

特此出版此本簡易篇以解好學者疑義。並能使之上手，能對吉凶之神機有倏然所悟！

袁光明⊙著

<<易經>>不只是一本卜筮之書，
其內容深邃、義理豐富，並且蘊含鮮明
的『意象』，並開中國美學史上之先河，
首先提出『立象以盡意』的命題。
<<易經>>的陰陽、剛柔二元論，
更是哲學上辨證思想的源頭。
要瞭解中國文化的真諦，
就必須從<<易經>>開始，
首先瞭解<<易經美學>>的內容，
你就會瞭解中國文化的精髓。

算命智慧王

法雲居士⊙著

《算命智慧王》一書的內容主要是將算命此行業的業務內容做一規範作用，好讓消費者與卜命業者共同有一可遵循的模式，由此便能減少紛爭。

世界上愛算命的人口多，但只喜歡聽對自己有利之事，也只喜歡聽論命者說自己是富貴命，常有命相師會投其所好而斷之，等到事情沒有應驗而又怨之。

此書讓大家了解算命該怎麼算？去問問題該問些什麼？究竟命理師該告訴你些什麼呢？如果算命結果不如你願時還要不要再繼續找人算呢？

有關算命的問題都在這本書中會找到答案。

暴發智慧王

法雲居士⊙著

大家都希望自己很聰明，大家也都希望自己有暴發運。實際上，有暴發運的人在暴發錢財的時間點上，也真正擁有了超高的智慧，是常人所不及的。

這本『暴發智慧王』，就是在分析暴發運創造了那些成功人士？暴發運如何創造財富？如何在關鍵點扭轉乾坤？

人可能光有暴發運而沒有智慧嗎？

如何才能做一個真正的『暴發智慧王』？

法雲老師用簡單明確、真實的案例詳細解釋給你聽！

紫微斗數格局總論

法雲居士⊙著

這本書是將紫微斗數中所有的命理特殊格局，不論是趨吉格局，如『君臣慶會』或『陽梁昌祿』或『明珠出海』或各種『暴發格』等亦或是凶煞格局，如『羊陀夾忌』、『半空折翅』、或『路上埋屍』或『武殺羊』等傷剋格局，都會在這本書中詳細解釋。

這本書中還有你平常不知道的很多命理格局。要學通紫微命理，首先要瞭解命理格局，學會了命理格局，人生的問題你就全數瞭解了！

納音五行姓名學

法雲居士⊙著

一般坊間的姓名學書籍多為筆劃數取名法，這是由國外和日本傳過來的，與中國命理沒有淵源！也無法達到幫助人改善命運的實質效果。凡是有名的命理師為人取名字，都會有自己一套獨特方法，就是--納音五行取名法。

納音五行取名法包括了聲韻學、文字原理、字義、聲音的五行來配合其人的命理結構，並用財、官、印的實效能力注入在名字之中，從而使人發奮、圓通而有所成就。納音五行的運用，並可幫助你買股票、期貨及參加投資順利。

現今已是世界村的時代，很多人在小孩一出世時，便為子女取了中文名字、英文名字及日文名字，因此，法雲老師在這本書將這些取名法都包括在此書中，以順應現代人的需要。

簡易實用靈卦・易學

法雲居士⊙著

卜卦是一個概率問題，也十分科學的，當人在對某一件事情執著的時候，又想預知後果，因此就需要用卜卦來一探究竟。任何事務都無法脫離時間和空間而存在。紫微和八字的算運氣法則，是先有時間再算空間，看是在什麼樣的時間點走到什麼樣的空間去！卜卦多半是一時興起而卜卦的，因此大多數的時間和空間都是未知數，再加上物質運動的變化，隨機而動的卜卦才會更靈驗！

卜卦必須要懂得易經六十四卦的內容與代表意義。

法雲老師用簡單易懂的方法教你手卦、米卦、金錢卦、梅花易數的算法，讓你翻翻書就立刻知道想要知道的結果！

李虛中命書詳析

法雲居士⊙著

《李虛中命書》又稱《鬼谷子遺文書》，在清《四庫全書・子部》有收錄，並做案語。此書是中國史上最早一本有系統的八字命理書，也成為後來『子平八字』術改變而成的發展基石。此書中對干支的對應關係、對六十甲子的祿、貴、官、刑有非常詳細的討論，以及納音五行對本命生、旺、死、絕的影響，皆是命格主貴、主富的關鍵要點。子平術對其也諸多承襲其用法。

因此，欲窮通『八字』深奧義理者，必先熟讀此書中五行納音及干支間之理論觀念。因此這本『李虛中命書』也是習八字之敲門磚。法雲居士將此書用白話文逐句詳解其意，並將附錄之四庫編纂者所加之案語一併解釋，卑能使讀者更加領會其中深奧之意。

樂透密碼

法雲居士⊙著

$$\text{偏財運的暴發能量} = \text{人的質量} \times \text{時間}^2$$
（本命帶財）

會中樂透彩的人，必有其特質，其中包括了『生命財數』與『生命數字』。
能中樂透彩的人必有暴發運，而世界上有三分之一的人擁有暴發運。

因此能中樂透彩之人，必有其數字金鑰及生命密碼。如何運用這個密碼和金鑰匙打開生命中的最高旺運機會，又將在何時掌握到這個生命的最高峰，這本『樂透密碼』，將會為您解開『通往幸運之門的答案』。

考試你最強

法雲居士⊙著

讓老天爺站在你這邊幫忙你考試。

老天爺給你一天中的好時間、給你主貴的『陽梁昌祿』格、給你暴發的好運、給你許許多多零碎的、小的旺運來幫忙你 K 書、考試，但你仍需運用命理的生活智慧來幫你選邊站，老天爺才會站在你這邊！

如何運用運氣來考試運氣是由許多小的時間點移動的過程所形成的，運用及抓住好的時間點，就能駕馭運氣、讀書、K 書就不難了，也更能呼風喚雨，任何考試都讓您手到擒來，考試運強強滾！考試你最強！

法雲居士⊙著

人的八字很奇妙！『年、月、日、時』明明是一個時間標的，但卻暗自包含了人生的富貴貧賤在其中。

八字學是一種環境科學，懂了八字學，你便能把自己放在最佳的環境位置之上而富貴享福。

八字學也是一種氣象學，學會了八字，你不但上知天文、下知地理，不但能知天象，還能得知運氣的氣象，而比別人更快速的掌握好運。每一個人的出生之八字，都代表一個特殊的意義，好像訴說一個特別的故事，你的八字代表什麼特殊意義呢？

在這本『八字王』的書之中，你會有意想不到的、又有趣的答案！

法雲居士⊙著

這本書是結合紫微斗數的精華和手相學的精華，而相互輝映的一本書。

手相學和人的面相有關。紫微斗數中每種命格也都有其相同特徵的面相。因此某些特別命格的人，就會具有類似的手相了。當紫微命格中的那一宮不好，或特吉，你的手相上也會特別顯示出來這些特徵。

法雲居士依據對紫微斗數的深刻研究，將人手相上的特徵和命格上的變化，一一歸納、統計而寫成此書，提供大家參考與印證！

時間決定命運

法雲居士⊙著

在人的一生中，時間是十分重要的關鍵點。好運的時間點發生好的事情。壞的時間點發生凶惡壞運的事情。天生好命的人也是出生在好運的時間點上。每一段運氣及每件事情，都常因『時間』的十字標的，與接合點不同，而有大吉大凶的轉變。

『時間』是一個巨大的轉輪，每一分每一秒都有其玄機存在！法雲居士再次利用紫微命理為你解開每種時間上的玄機之妙，好讓你可掌握人生中每一種好運關鍵時刻，永立於不敗之地！

投資煉金術

法雲居士⊙著

『投資煉金術』是現代人必看的投資策略的一本書。所有喜歡投資的人，無不是有一遠大致富的目標。想成為世界級的超級富豪。但到底要投資什麼產業才會真正成為能煉金發財的投資術呢？

實際上，做對行業、對準時機，找對門路，則無一不是『投資煉金術』的法寶竅門。
法雲居士用紫微命理的角度，告訴你在你的命格中做什麼會發？做什麼會使你真正煉到真金！使你不必摸索，不必操煩，便能成功完成『投資煉金術』。

看人智慧王

法雲居士⊙著

這本『看人智慧王』是一本為新新人類剛出
道找工作、打工、探尋新職場世界的一本
書。也是學習人際關係的關鍵書。
看人是一種學問，也是一門藝術，能幫助你
找到伯樂來欣賞你這匹千里馬，也能讓你在
愛情與事業上兩得意，人際關係一把罩！
掌握看人智慧，能令你一生都一帆風順、好
運連連，不會跟錯老闆、用錯人、娶錯老
婆。
這本書中有很多可供參考的小撇步，讓你一
目瞭然，看人術是現代男女最重要的課題。

說服力包山包海一把罩

法雲居士⊙著

『說服力』是世界上無所不在的攻防武器。
同時也是欲『成事』而不能或缺的利器。
自古秦始皇以連衡合縱之說成功的統一中
原。
現今無論大至聯合國的議題、各區域的戰
事，乃至國與國之間的商貿協定，小至商家
商賣的競爭力，亦或是家庭間夫妻、父子間
之溝通協調，無一不是『說服力』所展現的
舞台訣竅。
法雲居士利用紫微命理的形式，教你利用特
定時間的特性及『說服力』；包山包海、萬
事成功！

如何推算大運流年・流月

上、下冊

法雲居士⊙著

全世界的人在年暮歲末的時候，都有一個願望。都希望有一個水晶球，好看到未來一年中跟自己有關的運氣。是好運？還是壞運？

這本『如何推算大運、流年、流月』下冊書中，法雲居士利用紫微科學命理教您自己來推算大運、流年、流月，並且將精準度推向流時、流分，讓您把握每一個時間點的小細節，來掌握成功的命運。

古時候的人把每一個時辰分為上四刻與下四刻，現今科學進步，時間更形精密，法雲居士教您用新的科學命理方法，把握每一分每一秒。在每一個時間關鍵點上，您都會看到您自己的運氣在展現成功脈動的生命。

法雲居士利用紫微科學命理教你自己學會推算大運、流年、流月，並且包括流日、流時等每一個時間點的細節，讓你擁有自己的水晶球，來洞悉、觀看自己的未來。從精準的預測，繼而掌握每一個時間關鍵點。